LEARN RUSSIAN WITH SHORT STORIES

isbn: 978-1-987949-78-0

Dear Reader and Language Learner!

You're reading the Kindle learner edition of our Bermuda Word pop-up e-books which we sell at learn-to-read-foreign-languages.com. Before you start reading Russian, please read this explanation of our method.

Since we want you to read Russian and to learn Russian, our method consists primarily of word-for-word literal translations, but we add idiomatic English if this helps understanding the sentence. For example for French:
Il   y   avait   du   vin
It   there had   of the wine
[There was wine]

This method works best if you re-read the text until you know the high frequency words just by reading, and then mark and learn the low frequency words in your reader or practice them with our brilliant App.

Don't forget to take a look at the e-book App with integrated learning software that we offer at learn-to-read-foreign-languages.com! For more info check the last two pages of this e-book!

Thanks for your patience and enjoy the story and learning Russian!

Kees van den End

СОДЕРЖАНИЕ
CONTENTS

5 Аптекарша

Чехов   А.П.
Chekhov   A P

АПТЕКАРША
(THE) APOTHECARY'S WIFE

Городишко Б., состоящий из двух-трех кривых улиц,
(The) small town   B   consisting   of   two - three   curved   streets

спит непробудным сном. В застывшем воздухе тишина.
sleeps   wakeless   sleep   In   thickened   air   silence

Слышно только, как где-то далеко, должно быть за
Audible   only   how   somewhere   far off   must   be   outside

городом, жидким, охрипшим тенорком лает собака.
(the) town   (with) watery   (with) hoarse   (with) tenor   barks   (a) dog

Скоро рассвет. Все давно уже уснуло. Не спит только
Soon   dawn   Everyone   long ago   already   went to sleep   Not   sleeps   only

молодая жена провизора Черномордика, содержателя
young   wife   (of the) pharmaceutist   Chernomordika   (the) master

б-ской аптеки.
of B.'s   drugstore

Она ложилась уже три раза, но сон упрямо не идет
She   laid down   already   three   times   but   sleep   directly   not   comes

к ней - и неизвестно отчего.
to   her   and   (it is) unknown   from what

6 Аптекарша

Сидит она у открытого окна, в одной сорочке, и
Sits she at opened window in one shirt and

глядит на улицу. Ей душно, скучно, досадно... так
looks to (the) street (To) her (it is) oppressive (it is) boring (it is) annoying so

досадно, что даже плакать хочется, а отчего -
annoying that even to cry (she) wants and why

опять-таки неизвестно. Какой-то комок лежит в груди и
again so (it is) unknown Some kind of lump lies in (the) breast and
(on)

то и дело подкатывает к горлу...
that and (the) thing rolls to (the) throat
(sticks)

Сзади, в нескольких шагах от аптекарши, прикорнув к
Behind at a few steps from (the) apothecary's wife is snoozing to

стене, сладко похрапывает сам Черномордик. Жадная
(the) wall sweetly snores himself Chernomordik (A) thirsty

блоха впилась ему в переносицу, но он этого не
flea has stuck him in (the) bridge of the nose but he this not

чувствует и даже улыбается, так как ему снится, будто
feels and even (he) smiles so as he dreams as if

все в городе кашляют и непрерывно покупают у него
everyone in (the) city coughs and continuously buys of him

капли датского короля. Его не разбудишь теперь ни
(the) drops Danish King Him not you wake now not
(coughdrops)

уколами, ни пушкой, ни ласками.
(by the) pricks not (by a) gun not (by) kindness

7   Аптекарша

Аптека находится почти у края города, так что
(The) drugstore   is located   almost   at   (the) edge   (of the) city   so   that

аптекарше далеко видно поле...
(to the) apothecary's wife (is) far   visible   (the) field

Она видит, как мало-помалу белеет восточный край
She   sees   how   little by little   whitens   (the) eastern   edge

неба, как он потом багровеет, словно от большого
(of the) sky   how   it   then   reddens   as if   from   a large

пожара. Неожиданно из-за отдаленного кустарника
fire   Unexpectedly   out from   far away   bushes

выползает большая, широколицая луна.
creeps out   large   broad-faced   moon

Она красна (вообще луна, вылезая из-за кустов, всегда
It   is red   generally   (the) moon   coming out   out from   (the) bushes   always

почему-то бывает ужасно сконфужена).
somehow   is   terribly   disconcerting

Вдруг среди ночной тишины раздаются чьи-то шаги и
Suddenly   (in the) middle   (the) nightly   silence   are heard   someones   steps   and
(of)

звяканье шпор. Слышатся голоса.
(the) tinkling   (of) spurs   (She) hears   voices

"Это офицеры от исправника в лагерь идут", думает
These   officers   from   (the) district police officer   in   (the) camp   (they) go   thinks
(are)   (to)

аптекарша.
(the) apothecary's wife

8 Аптекарша

Немного погодя показываются две фигуры в белых
(A) little / later / show up / two / figures / in / white

офицерских кителях: одна большая и толстая, другая
officer / jackets / one / large / and / fat / another

поменьше и тоньше...
(a) little smaller / and / thinner

Они лениво, нога за ногу, плетутся вдоль забора и
They / lazily / foot / for / foot / plod / lengthwise / (the) fence / and

громко разговаривают о чем-то. Поравнявшись с аптекой,
loudly / talk / about / something / (After) coming alongside / to / (the) drugstore

обе фигуры начинают идти еще тише и глядят на
both / figures / start / to walk / even / slower / and / look / to

окна.
(the) window

"Аптекой пахнет...", говорит тонкий.
(Of a) drugstore / (it) smells / says / (the) thin

"Аптека и есть! Ах, помню... На прошлой неделе я
(A) drugstore / also / (it) is / Ah / (I) remember / By / past / week / I

здесь был, касторку покупал. Тут еще аптекарь с
here / was / castor oil / bought / Here / still / (the) pharmacist / with

кислым лицом и с ослиной челюстью. Вот, батенька,
sour / face / and / with / donkey / jaw / Here / little brother

челюсть! Такой именно Сампсон филистимлян избивал."
(the) jaw / (With) such / exactly / Samson / philistines / thrashed

9 Аптекарша

"М-да...", говорит толстый басом. "Спит фармация! И
Hmm , yes   says   (the) fat one   (with a) bass   Sleeps   (that) pharmacist   And
(He will sleep)

аптекарша спит. Тут, Обтесов, аптекарша хорошенькая."
(the) apothecary's wife   will sleep   Here   Obtesov   (the) apothecary's wife   (is) pretty

"Видел. Мне она очень понравилась... Скажите, доктор,
(I) saw her   (To) me   she   very   pleasing   Says   (the) doctor

неужели она в состоянии любить эту ослиную челюсть?
really   she   in   (the) state   to love   this   asinine   jaw

Неужели?"
Really

"Нет, вероятно, не любит," вздыхает доктор с таким
No   probably   not   (she) loves   sighs   (the) doctor   with   such
(him)

выражением, как будто ему жаль аптекаря.
(an) expression   as if   to him   (it is a) pity   (the) pharmacist
(for)

"Спит теперь мамочка за окошечком! Обтесов, а?
(She) will sleep   now   (the) little mother   behind   (the) small window   Obtesov   and
(wife)

Раскинулась от жары... ротик полуоткрыт... и ножка с
Stretched   from   (the) heat   little mouth   half-open   and   (a) little leg   from

кровати свесилась... Чай, болван аптекарь в этом добре
(the) bed   hangs   Smoke   (the) blockhead   pharmacist   in   this   good (stuff)

ничего не смыслит..."
nothing   not   (is) able to reason

10 Аптекарша

"Ему небось что женщина, что бутыль с карболкой -
(To) him (the) sky that (a) woman that (a) bottle of carbolic acid
(same) (whether) (or)

все равно!"
everything (is) equal

"Знаете что, доктор?" говорит офицер, останавливаясь.
(You) know what doctor says (the) officer stopping

"Давайте-ка зайдем в аптеку и купим чего-нибудь!
Let us visit in (the) drugstore and let us purchase something

Аптекаршу, быть может, увидим."
(The) apothecary's wife to be can let us see

"Выдумал - ночью!"
Think (it is) night

"А что же? Ведь они и ночью обязаны торговать.
But that yet Indeed they also at night are obliged to trade

Голубчик, войдемте!"
Dear fellow let us go in

"Пожалуй..."
Please

Аптекарша, спрятавшись за занавеску, слышит сиплый
(the) apothecary's wife in hiding behind (the) curtain hears weak

звонок.
bell

11 Аптекарша

Оглянувшись на мужа, который храпит по-прежнему
Glancing at (the) husband who snores as previously

сладко и улыбается, она набрасывает на себя платье,
sweet and smiles she throws to herself dress

надевает на босою ногу туфли и бежит в аптеку.
puts on to barefooted feet shoes and runs in (the) drugstore

За стеклянной дверью видны две тени...
Behind glass (of the) door are visible two shadows

Аптекарша припускает огня в лампу и спешит к двери,
(The) apothecary's wife adds fire in (the) lamp and hurries to (the) door

чтобы отпереть, и ей уже не скучно, и не досадно,
in order to unlock and to her already not (it is) boring and not (it is) annoying

и не хочется плакать, а только сильно стучит сердце.
and not (she) wants to cry and only strong beats (the) heart

Входят толстяк-доктор и тонкий Обтесов. Теперь уж их
(They) enter (the) fat doctor and thin Obtesov Now already them

можно рассмотреть. Толстобрюхий доктор смугл, бородат
(it is) possible to examine (The) broad doctor (is) dark bearded (complexioned)

и неповоротлив. При каждом малейшем движении на
and clumsy With each small motion to

нем трещит китель и на лице выступает пот.
him shakes (the) tunic and on face comes out perspiration

12 Аптекарша

Офицер же розов, безус, женоподобен и гибок, как
(The) officer / still / pink / moustacheless / effeminate / and / (is) bended / as

английский хлыст.
English / whip

"Что вам угодно?" спрашивает их аптекарша,
What / to you / (is) convenient / asks / them / (the) apothecary's wife

придерживая на груди платье.
arms folded / to / (the) front / (of the) dress

"Дайте... э-э-э на пятнадцать копеек мятных лепешек!"
Give / ehhh / for / fifteen / kopecks / mint / flat cakes

Аптекарша не спеша достает с полки банку и
(The) apothecary's wife / not / hurrying / obtains / from / (the) shelves / jar / and

начинает вешать.
begins / to weigh

Покупатели, не мигая, глядят на ее спину; доктор
(The) buyers / not / blinking / look / at / her / back / (the) doctor

жмурится, как сытый кот, а поручик очень серьезен.
slit-eyed / as / satisfied / tomcat / and / (the) lieutenant / very / serious

"Первый раз вижу, что дама в аптеке торгует," говорит
First / time / (I) see / that / (the) lady / in / (the) drugstore / trades / says

доктор.
(the) doctor

13   Аптекарша

"Тут ничего нет особенного..." отзывается аптекарша,
Here nothing not special answers (the) apothecary's wife

искоса поглядывая на розовое лицо Обтесова.
sideways casting looks to pink face (of) Obtesov

"Муж мой не имеет помощников, и я ему всегда
Husband (of) mine not has assistants and I him always

помогаю."
help

"Тэк-с... А у вас миленькая аптечка! Сколько тут
Ah so But with you nice little apothecary So much here

разных этих... банок! И вы не боитесь вращаться
different these jars And you not fear to move around

среди ядов! Бррр!"
among (the) poisons Brrr

Аптекарша запечатывает пакетик и подает его доктору.
(The) apothecary's wife seals up (the) small packet and gives it to doctor

Обтесов подает ей пятиалтынный. Проходит полминуты в
Obtesov gives her (a) fifteen kopeck coin (There) passes half a minute in

молчании.... Мужчины переглядываются, делают шаг к
silence (The) men exchange glances (they) make (a) step to

двери, потом опять переглядываются.
(the) door then again (they) exchange glances

14 Аптекарша

"Дайте на десять копеек соды!" говорит доктор.
Give for ten kopecks soda says (the) doctor

Аптекарша опять, лениво и вяло двигаясь, протягивает
(The) apothecary's wife again slowly and limply moving stretches

руку к полке.
hand to (the) shelves

"Нет ли тут, в аптеке, чего-нибудь этакого..." бормочет
Not maybe here in (the) drugstore something of such mutters

Обтесов, шевеля пальцами, "чего-нибудь такого, знаете
Obtesov moving fingers something of such you know

ли, аллегорического, какой-нибудь живительной влаги...
maybe allegorically somehow , sort of invigorating moisture

зельтерской воды, что ли? У вас есть зельтерская
seltzer water that maybe with you there is seltzer

вода?"
water

"Есть," отвечает аптекарша.
There is answers (the) apothecary's wife

"Браво! Вы не женщина, а фея. Сочините-ка нам
Bravo You not a woman but (a good) fairy Please gather us

бутылочки три!"
(a) little bottle (or) three

15 Аптекарша

Аптекарша тороапливо запечатывает соду и исчезает в
(The) apothecary's wife hurriedly seals up (the) soda and disappears in

потемках за дверью.
(the) darkness behind (the) door

"Фрукт!" говорит доктор, подмигивая.
Fruit says (the) doctor winking

"Такого ананаса, Обтесов, и на острове Мадейре не
Such (a) pineapple Obtesov also on (the) island (of) Madeira not

сыщете. А? Как вы думаете? Однако... слышите храп?
you will find And How you think However (you) hear snores

Это сам господин аптекарь изволят почивать."
This himself Mister pharmacist deigns to rest

Через минуту возвращается аптекарша и ставит на
After (a) minute returns (the) apothecary's wife and places on

прилавок пять бутылок.
(the) counter five bottles

Она только что была в погребе, а потому красна и
She just then was in (the) cellar and therefore (she is) red and

немножко взволнована.
(a) little agitated

"Тсс... тише," говорит Обтесов, когда она, раскупорив
Tss quiet says Obtesov when she uncorking

бутылку, роняет штопор. "Не стучите так, а то мужа
(the) bottle drops (the) corkscrew Don't bang so and then (the) husband

разбудите."
(you) will wake

"Ну, так что же, если и разбужу?"
Well so what indeed if also I will wake

"И к тому же," басит доктор, отрыгивая после
And to that indeed speaks in a deep voice (the) doctor burping afterwards

сельтерской, "мужья такая скучная история, что хорошо
(from the) Seltzer Husbands such (a) dull story that good

бы они сделали, если бы всегда спали.
it would be they made that would always sleep
                                    (be)

Эх, к этой водице да винца бы красненького."
Ah to this little water yes (a) little wine should be red

"Он так сладко спит... видит вас во сне... За ваше
He so sweetly sleeps he sees you in (his) sleep To your

здоровье!"
health

17 Аптекарша

"Чего еще выдумали!" смеется аптекарша.
What still you would think up laughs (the) apothecary's wife

"Великолепно бы! Жаль, что в аптеках не продают
Magnificent (it) would be (A) pity that in (the) drugstores not (they) sell

спиритуозов! Впрочем... вы ведь должны продавать вино
spirits However you indeed must sell wine

как лекарство. Есть у вас vinum gallicum rubrum?"
as medicine Is there with you wine french red

"Есть."
(There) is

"Ну вот! Подавайте нам его! Черт его подери, тащите
Well here Give (to) us it (The) devil him (you) fight (you) drag

его сюда!"
it here

"Сколько вам?"
How many for you

"Quantum satis! .. Сначала вы дайте нам в воду по
How much enough First you give to us in (the) water on

унцу, а потом мы увидим... Обтесов, а?"
(the) ounce and then we will see Obtesov and

"Сначала с водой, а потом уже per se..."
First — with water — and then — already — per — se

Доктор и Обтесов присаживаются к прилавку, снимают
Doctor — and — Obtesov — sit down — at — (the) counter — (they) remove

фуражки и начинают пить красное вино.
(the) peak caps — and — (they) begin — to drink — red — wine

"А вино, надо сознаться, препаскуднейшее! Vinum
But — wine — (it is) needed — to confess — awful — Wine

plochissimum. Впрочем, в присутствии... э-э-э... оно
bad — However — in — (the) presence — Hmm m — She

кажется нектаром. Вы восхитительны, сударыня!"
seems — nectar — You — exquisite — madam

"Целую вам мысленно ручку."
(I) kiss — you — (in) thoughts — (the) hand

"Я дорого дал бы за то, чтобы сделать это не
I — dearly — gave — would — for — that — in order to — to make — this — not

мысленно!" говорит Обтесов. "Честное слово! Я отдал
(in) thoughts — says — Obtesov — Honest — word — I — gave (out)

бы жизнь!"
would — life

"Это уж вы оставьте..." говорит госпожа Черномордик,
This already you leave says Mrs Chernomordik

вспыхивая и делая серьезное лицо.
flaring up and making serious face

"Какая, однако, вы кокетка!" тихо хохочет доктор, глядя
What however you coquette quietly laughs (the) doctor looking

на нее исподлобья, плутовски. "Глазенки так и
at her from under the eyebrows knavish Eyes so and

стреляют! Пиф! паф! Поздравляю: вы победили! Мы
shoot Pif paf (I) congratulate you (they) conquered We

сражены!"
are slain

Аптекарша глядит на их румяные лица, слушает их
(The) apothecary's wife looks at them rosy face listens to them

болтовню и скоро сама оживляется. О, ей уже так
(the) chatter and soon (she) herself is revived Oh she already so

весело! Она вступает в разговор, хохочет, кокетничает и
happy She enters in (the) conversation laughs flirts and

даже, после долгих просьб покупателей, выпивает
even after long requests (from the) buyers (she) drinks
(customers)

унца два красного вина.
ounce (of the) red wine
(or) two

"Вы бы, офицеры, почаще в город из лагерей
You should officers more often in (the) city from (the) camps

приходили," говорит она, "а то тут ужас какая скука.
came says she and that here terrible such boredom

Я просто умираю."
I simply die

"Еще бы!" ужасается доктор.
Still would terrify doctor

"Такой ананас... чудо природы и - в глуши! Прекрасно
Such pineapple a miracle of nature and in (the) wilderness (It is) wonderful

выразился Грибоедов: 'В глушь! в Саратов!' Однако нам
expressed Griboyedov In (the) wilderness in Saratov However to us

пора. Очень рад познакомиться... весьма! Сколько с
time Very happy to be introduced very How much to

нас следует?"
us (it) follows
(costs)

Аптекарша поднимает к потолку глаза и долго шевелит
(The) apothecary's wife raises to (to the) ceiling (the) eyes and (for) long moves

губами.
(the) lips

"Двенадцать рублей сорок восемь копеек!" говорит она.
Twelve rubles forty eight kopecks says she

Обтесов   вынимает   из   кармана   толстый   бумажник,   долго
Obtesov   takes out   from   (the) pocket   (a) thick   wallet   (for) long

роется   в   пачке   денег   и   расплачивается.
digs   in   bundle   money   and   (he) pays

"Ваш   муж   сладко   спит...   видит   сны..." бормочет   он,
Your   husband   sweetly   sleeps   sees   dreams   mutters   he

пожимая   на   прощанье   руку   аптекарши.
pressing   to   goodbye   (the) hand   (of the) apothecary's wife

"Я   не   люблю   слушать   глупостей..."
I   not   love   to listen to   stupidities

"Какие   же   глупости?   Наоборот...   это   вовсе   не   глупости...
What   indeed   stupidities   (On the) contrary   these   completely   not   stupidities
                                                        (are)

Даже   Шекспир   сказал: 'Блажен,   кто   смолоду   был   молод!'"
Even   Shakespeare   said   (It is) blissful   who   as a youth   was   young

"Пустите   руку!"
Release   (the) hand

Наконец покупатели, после долгих разговоров, целуют у
Finally (the) buyers after long conversations (they) kiss of

аптекарши ручку и нерешительно, словно раздумывая, не
(the) apothecary's wife (the) hand and irresolute as if considering not

забыли ли они чего-нибудь, выходят из аптеки.
forgot whether they (they) leave from (the) drugstore

А она быстро бежит в спальню и садится у того же
But she rapidly runs into (the) bedroom and sits herself down at that same

окна.
window

Ей видно, как доктор и поручик, выйдя из аптеки,
(To) her visible how (the) doctor and (the) lieutenant after leaving from (the) drugstore

лениво отходят шагов на двадцать, потом
slowly move away steps to twenty then

останавливаются и начинают о чем-то шептаться.
(they) stop and (they) begin about something to whisper

О чем? Сердце у нее стучит, в висках тоже стучит,
About what Heart with her (of) beats in (the) temples also (it) beats

а отчего - она и сама не знает... Бьется сердце
and why she also herself not knows Beats heart

сильно, точно те двое, шепчась там, решают ее участь.
strongly as if those two whispering there decide her fate

23 Аптекарша

Минут через пять доктор отделяется от Обтесова и
Minute after five (the) doctor separates from Obtesova and

идет дальше, а Обтесов возвращается.
goes further and Obtesov returns

Он проходит мимо аптеки раз, другой...
He passes by (the) drugstore once another

То остановится около двери, то опять зашагает...
Than stops near (the) door than again begins to walk

Наконец осторожно звякает звонок.
Finally carefully tinkles (the) bell

"Что? Кто там?" вдруг слышит аптекарша голос мужа.
What Who (is) there suddenly hears apothecary (the voice of the husband)
(the apothecary's wife)

"Там звонят, а ты не слышишь!" говорит аптекарь
There (they) ring and you not hear says (the) pharmacist

строго. "Что за беспорядки!"
severe What for disorder

Он встает, надевает халат и, покачиваясь в полусне,
He arises puts on (the) dressing gown and staggering in drowsiness

шлепая туфлями, идет в аптеку.
slapping (with the) shoes (he) goes into (the) drugstore

24 Аптекарша

"Чего... вам?" спрашивает он у Обтесова.
What   to you   (he) asks   him   of   Obtesov

"Дайте... дайте на пятнадцать копеек мятных лепешек."
Give   give   for   fifteen   kopecks   mint   flat cakes

С бесконечным сопеньем, зевая, засыпая на ходу и
With   infinite   sleepdrunk   yawning   falling asleep   on   (the) go   and

стуча коленями о прилавок, аптекарь лезет на полку и
knocking   (by the) elbows   on   (the) counter   (the) pharmacist   climbs   to   (the) shelves   and

достает банку...
obtains   (from the) jar

Спустя две минуты аптекарша видит, как Обтесов
After   two   minutes   (the) apothecary's wife   sees   how   Obtesov

выходит из аптеки и, пройдя несколько шагов, бросает
leaves   from   (the) drugstore   and   after having went   several   steps   throws

на пыльную дорогу мятные лепешки.
to   dusty   road   mint   flat cake

Из-за угла навстречу ему идет доктор...
From out of   (the) corner   towards   him   goes   (the) doctor

Оба сходятся и, жестикулируя руками, исчезают в
Both   (they) converge   and   gesticulating   (by the) hands   (they) disappear   in

утреннем тумане.
(the) morning   fog

25 Аптекарша

"Как я несчастна!" говорит аптекарша, со злобой глядя
How I unhappy says (the) apothecary's wife with a spiteful glance

на мужа, который быстро раздевается, чтобы опять
at (the) husband which rapidly undresses in order to again

улечься спать.
lay down to sleep

"О, как я несчастна!" повторяет она, вдруг заливаясь
Oh how I unhappy repeats she suddenly filling

горькими слезами. "И никто, никто не знает..."
bitter tears And no one no one not knows

"Я забыл пятнадцать копеек на прилавке," бормочет
I forgot fifteen kopecks on (the) counter mutters

аптекарь, укрываясь одеялом. "Спрячь, пожалуйста, в
(the) pharmacist being concealed (by the) blanket Hide (if you) please in

конторку..." И тотчас же засыпает.
(the) desk And immediately already falls asleep

Чехов   А.П.
Chekhov   A   P

ПАРИ
(THE) BET

I
I

Была   темная,   осенняя   ночь.
(It) was   (a) dark   autumn   night

Старый   банкир   ходил   у   себя   в   кабинете   из   угла   в
(The) old   banker   walked   by   himself   in   (the) office   from   corner   in (to)

угол   и   вспоминал,   как   пятнадцать   лет   тому   назад,
corner   and   recalled   how   fifteen   years   to that   prior

осенью,   он   давал   вечер.
(in) autumn   he   gave   (an) evening (party)

На   этом   вечере   было   много   умных   людей   и   велись
On   this   evening   was (were)   many   clever   people   and   were carried on

интересные   разговоры.   Между   прочим,   говорили   о
interesting   conversations   Between   other (things)   (they) talked   about

смертной   казни.   Гости,   среди   которых   было   немало
(the) death   penalty   (The) guests   among   which   (there) were   no little

ученых   и   журналистов,   в   большинстве   относились   к
academics   and   journalists   in   majority   (they) related   to

смертной   казни   отрицательно.
(the) death   penalty   negatively

Они находили этот способ наказания устаревшим,
They found this means (of) punishment becoming obsolete

непригодным для христианских государств и
unfit for Christian states and

безнравственным. По мнению некоторых из них,
immoral In (the) opinion (of) some of them

смертную казнь повсеместно следовало бы заменить
(the) death penalty everywhere followed (henceforth) would to change

пожизненным заключением.
(in) lifelong prison

"Я с вами не согласен," сказал хозяин-банкир. "Я не
I with you not agree said (the) host banker I not

пробовал ни смертной казни, ни пожизненного
tried neither death penalty neither lifelong

заключения, но если можно судить a priori, то,
imprisonment but if (I) could judge a priori then

по-моему, смертная казнь нравственнее и гуманнее
according to me (the) death penalty is more moral and more humane (than)

заключения. Казнь убивает сразу, а пожизненное
imprisonment Execution kills immediately and lifelong

заключение медленно. Какой же палач человечнее?"
imprisonment is slow What indeed hangman (is) more humane

"Тот ли, который убивает вас в несколько минут, или
That whether which (who) kills you in several minutes or

тот, который вытягивает из вас жизнь в продолжение
that which (who) draws out from you (the) life in continuation

многих лет?"
many years

"То и другое одинаково безнравственно," заметил кто-то
That and another (is) equally immoral noted someone

из гостей, "потому что имеет одну и ту же цель -
from (the) guests therefore that (it) has one and that (the) same purpose

отнятие жизни. Государство - не бог. Оно не имеет
(the) taking away (of) life (The) State (is) not god It not has

права отнимать то, чего не может вернуть, если
(the) right to take away that what not (it) can return if

захочет."
(it) wants

Среди гостей находился один юрист, молодой человек
Among (the) guests were found one jurist young (a) man

лет двадцати пяти.
(of) years twenty five

Когда спросили его мнения, он сказал:
When (they) asked his opinion he said

"И смертная казнь и пожизненное заключение одинаково
And mortal execution and lifelong imprisonment are equally
(Both)

безнравственны, но если бы мне предложили выбирать
immoral but if would to me (they) proposed to choose

между казнью и пожизненным заключением, то, конечно,
between execution and lifelong imprisonment that certainly

я выбрал бы второе. Жить как-нибудь лучше, чем
I selected would (the) second To live somehow (is) better than

никак."
in no way
(not at all)

Поднялся оживленный спор.
(There) Rose (an) animated dispute

Банкир, бывший тогда помоложе и нервнее, вдруг
(The) Banker being then younger and more nervous suddenly
(easily agitated)

вышел из себя, ударил кулаком по столу и крикнул,
went out of himself struck (with the) fist on (the) table and shouted

обращаясь к молодому юристу:
turning himself to (the) young jurist

"Неправда! Держу пари на два миллиона, что вы не
Untruth (I) hold (a) bet of two million that you not
(wager)

высидите в каземате и пяти лет."
will remain in (the) bunker and five years
(cell)

31 Пари

"Если это серьезно," ответил ему юрист, "то держу
If   this   (is) serious   answered   to him   (the) jurist   than   (I) hold (wager)

пари, что высижу не пять, а пятнадцать."
(a) bet   that   (I) will remain   not   five   but   fifteen

"Пятнадцать? Идет!" крикнул банкир. "Господа, я ставлю
Fifteen   (It) goes (on)   shouted   (the) banker   Gentlemen   I   place (bet)

два миллиона!"
two   million

"Согласен! Вы ставите миллионы, а я свою свободу! -
(It is) agreed   You   place (bet)   million   and   I   my   freedom

сказал юрист."
said   (the) jurist

И это дикое, бессмысленное пари состоялось!
And   this   wild   senseless   bet   stood

Банкир, не знавший тогда счета своим миллионам,
(The) banker   not   knowing   then   (the) count   (of) his   millions

избалованный и легкомысленный, был в восторге от
spoiled   and   frivolous   was   in   (the) enthusiasm   of

пари.
(the) bet

За ужином он шутил над юристом и говорил:
For by supper he joked on (about) (the) jurist and said

"Образумьтесь, молодой человек, пока еще не поздно.
Think it over young man thus far (now) still not (too) late

Для меня два миллиона составляют пустяки, а вы
For me two million comprise trifles and you

рискуете потерять три-четыре лучших года вашей жизни.
risk to lose three (or) four best years (of) your life

Говорю - три-четыре, потому что вы не высидите
(I) say three (or) four therefore that you not will remain

дольше. Не забывайте также, несчастный, что
longer Not forget also (the) unfortunate fact that

добровольное заточение гораздо тяжелее обязательного.
voluntary imprisonment much heavier bound

Мысль, что каждую минуту вы имеете право выйти на
(The) thought that each minute you have (the) right to leave to

свободу, отравит вам в каземате все ваше
freedom will poison you in (the) cell all your

существование. Мне жаль вас!"
existence To me pity (for) you

И теперь банкир, шагая из угла в угол, вспоминал
And now (the) banker treading from corner in (to) corner recalled

все это и спрашивал себя: "К чему это пари?"
all this and asked himself For what (is) this bet

"Какая польза от того, что юрист потерял пятнадцать
What benefit from it that (the) jurist lost fifteen

лет жизни, а я брошу два миллиона? Может ли это
years (of the) life and I will throw two million Can maybe this

доказать людям, что смертная казнь хуже или лучше
prove people that death penalty (is) worse or (is) better (than)

пожизненного заключения? Нет и нет. Вздор и
lifelong imprisonment No and no Nonsense and

бессмыслица. С моей стороны то была прихоть сытого
thoughtlessness From my side then (it) was (a) whim (of an over-) sat

человека, а со стороны юриста - простая алчность к
man and from (the) side (of the) jurist simple greediness for

деньгам..."
money

Далее вспоминал он о том, что произошло после
Further remembered he about that what occurred afterwards

описанного вечера.
(on the) described evening

Решено было, что юрист будет отбывать свое
Decided (it) was that (the) jurist will be to depart (starting out) his

заключение под строжайшим надзором в одном из
confinement under (the) strictest supervision in one of

флигелей, построенных в саду банкира.
(the) wings built in (the) garden (of the) banker

Условились, что в продолжение пятнадцати лет он
(They) agreed that in (the) continuation (of) fifteen years he

будет лишен права переступать порог флигеля, видеть
will be deprived (of the) right to step over (the) threshold (of the) wing to see

живых людей, слышать человеческие голоса и получать
living people to hear human voices and to obtain

письма и газеты.
letters and newspapers

Ему разрешалось иметь музыкальный инструмент, читать
(To) him (it) was permitted to have musical instruments to read

книги, писать письма, пить вино и курить табак.
books to write letters to drink wine and to smoke tobacco

С внешним миром, по условию, он мог сноситься не
With external world on (the) condition he could communicate not

иначе, как молча, через маленькое окно, нарочно
otherwise as silently through small window purposely

устроенное для этого. Все, что нужно, книги, ноты,
built for this Everything that (was) necessary books notes

вино и прочее, он мог получать по записке в каком
wine and other he could obtain by list in whatever
(stuff)

угодно количестве, но только через окно.
convenient quantity but only through (the) window

Договор предусматривал все подробности и мелочи,
(The) agreement provided for all details and trifles

делавшие заключение строго одиночным, и обязывал
making (the) imprisonment strict solitary and forced

юриста высидеть ровно пятнадцать лет. Малейшая
(the) jurist to remain exactly fifteen years (The) Smallest

попытка со стороны юриста нарушить условия, хотя бы
attempt on the side of (the) jurist to violate (the) conditions even would be
(even if it)

за две минуты до срока, освобождала банкира от
for two minutes to (the) period (it) freed (the) banker from
(before) (end)

обязанности платить ему два миллиона.
(the) responsibility to pay him two million

В первый год заключения юрист, насколько можно было
In (the) first year (of the) imprisonment (the) jurist in so much (it) possible was

судить по его коротким запискам, сильно страдал от
to judge on his short notes strongly suffered from
(from)

одиночества и скуки.
(the) solitude and (the) boredom

Из его флигеля постоянно днем и ночью слышались
From his wing constantly (in the) daytime and (at) night were heard

звуки рояля!
sounds (of the) piano

Он отказался от вина и табаку.
He refused from wine and tobacco
(stayed away)

Вино,   писал   он,   возбуждает   желания,   а   желания -
Wine   wrote   he   excites   (the) desire and   desire

первые   враги   узника;   к   тому   же   нет   ничего   скучнее,
(is the) first enemy (of the) prisoner (next) to that still not nothing (is) duller
                                                                        (anything)

как   пить   хорошее   вино   и   никого   не   видеть.
than   to drink good   wine   and   no one   not   to see

А   табак   портит   в   его   комнате   воздух.   В   первый   год
And   tobacco   spoils   in   his   room   (the) air   In   (the) first year

юристу   посылались   книги   преимущественно   легкого
(to the) jurist were sent   books   predominantly   (of) light
                                                                  (lighthearted)

содержания: романы   с   сложной   любовной   интригой,
content   novels   with   complex   amorous   intrigues

уголовные   и   фантастические   рассказы,   комедии   и   т.п.
criminal   and   fantastic   stories   comedies   and

Во   второй   год   музыка   уже   смолкла   во   флигеле,   и
In   (the) second   year   (the) music   already grew silent   in   (the) wing   and

юрист   требовал   в   своих   записках   только   классиков.   В
(the) jurist   asked for   in   his   notes   only   classicists   In

пятый   год   снова   послышалась   музыка,   и   узник
(the) fifth   year   again   was heard   music   and   (the) prisoner

попросил   вина.
asked   (for) wine

Те, которые наблюдали за ним в окошко, говорили,
Those / which (who) / observed / (for) / him / in / (the) window / said

что весь этот год он только ел, пил и лежал на
that / entire / this / year / he / only / ate / drunk / and / was lying / on

постели, часто зевал, сердито разговаривал сам с собою.
(the) bed / frequently / yawned / angrily / talked / with himself

Книг он не читал. Иногда по ночам он садился
Books / he / not / read / Sometimes / at / night / he / sat down himself

писать, писал долго и под утро разрывал на клочки
to write / (he) wrote / long / and / under (in) / (the) morning / tore up / to / scraps

все написанное. Слышали не раз, как он плакал.
everything / written / (They) heard / not / (just) once / how / he / cried

Во второй половине шестого года узник усердно
In / (the) second / half / (of the) sixth / year / (the) prisoner / zealously

занялся изучением языков, философией и историей.
was engaged in / studying / languages / philosophy / and / history

Он жадно принялся за эти науки, так что банкир
He / eagerly / proceeded / after (with) / these / sciences / so / that / (the) banker

едва успевал выписывать для него книги.
hardly / managed / to extract (could find) / for / him / (the) books

В продолжение четырех лет по его требованию было
In (a) continuation (of) four years on his requirement was
(period) (were)

выписано около шестисот томов. В период этого
copy out (of) nearly six hundred volumes. In period (of) that
(buy copies)

увлечения банкир, между прочим, получил от своего
enthusiasm (the) banker between other obtained from his
(things) (besides that)

узника такое письмо: "Дорогой мой тюремщик! Пишу
prisoner such (a) letter Dear my warden (I) write
(this , the following)

вам эти строки на шести языках. Покажите их
to you these lines in six languages. Show them

сведущим людям. Пусть прочтут. Если они не найдут
(to) competent people. Let (them) read If they not will find

ни одной ошибки, то, умоляю вас, прикажите
not one error than, (I) entreat you, order
(pray , ask)

выстрелить в саду из ружья. Выстрел этот скажет
to shoot in (the) garden from (a) gun (The) Shot this will say

мне, что мои усилия не пропали даром. Гении всех
to me, that my effort not fell free. Geniuses (of) all

веков и стран говорят на различных языках, но горит
ages and countries speak in different languages, but burns

во всех их одно и то же пламя. О, если бы вы
in all (of) them one and that same flame. Oh, if would you
(the)

знали, какое неземное счастье испытывает теперь моя
know, what unearthly happiness experiences now my

душа оттого, что я умею понимать их!"
soul that is why that I know how to understand them!"

Желание   узника   было   исполнено.   Банкир   приказал
(The) wish   (of the) prisoner   was   fullfilled   (The) banker   ordered
(request)

выстрелить   в   саду   два   раза.
to shoot   in   (the) garden   two   times

Затем   после   десятого   года   юрист   неподвижно   сидел   за
Then   after   (the) tenth   year   (the) jurist   motionless   sat   behind

столом   и   читал   одно   только   евангелие.   Банкиру
(the) table   and   read   one   only   (the) gospels   (To the) banker

казалось   странным,   что   человек,   одолевший   в   четыре
(it) seemed   strange   that   (the) man   overcoming   in   four

года   шестьсот   мудреных   томов,   потратил   около   года   на
years   six hundred   odd   volumes   spent   nearly   (a) year   at

чтение   одной   удобопонятной   и   не   толстой   книги.
reading   one   comprehensible   and   not   thick   book

На смену   евангелию   пришли   история   религий   и
In exchange   (the) gospel   arrived   history   (of) religions   and
(following after)

богословие.
theology

В   последние   два   года   заточения   узник   читал
In   (the) latter   two   years   (of the) imprisonment   (the) prisoner   read

чрезвычайно   много,   без   всякого   разбора.
extremely   much   without   every   selection
(any)

То он занимался естественными науками, то требовал
Then he was occupied natural sciences then (he) asked for

Байрона или Шекспира. Бывали он него такие записки,
Byron or Shakespeare Occurred him (of) him such notes

где он просил прислать ему в одно и то же время
where he requested to send to him in one and the same time

и химию, и медицинский учебник, и роман, и
and chemistry and medical textbooks and (a) novel and

какой-нибудь философский или богословский трактат. Его
some philosophical or theological treatise His

чтение было похоже на то, как будто он плавал в
reading was similar to that as if he swam in

море среди обломков корабля и, желая спасти себе
(the) sea among fragments (of a) ship and desiring to save himself
 (pieces)

жизнь, жадно хватался то за один обломок, то за
the life eagerly grabbed then for one fragment then for

другой!
another

41 Пари

II

II

Старик банкир вспоминал все это и думал:
(The) Old banker recalled all this and thought

"Завтра в двенадцать часов он получает свободу."
Tomorrow in twelve hours he receives freedom

"По условию, я должен буду уплатить ему два
On (the) condition I must be to pay to him two
(paying)

миллиона."
million

"Если я уплачу, то все погибло: я окончательно
If I pay out then all (is) lost I finish

разорен..."
ruined

Пятнадцать лет тому назад он не знал счета своим
Fifteen years to that back he not knew count (of) his

миллионам, теперь же он боялся спросить себя, чего
millions now indeed he feared to ask himself what

у него больше - денег или долгов?
of him more (of) money or (of) debts

Азартная — Reckless
биржевая — stock exchange
игра, — game
рискованные — risky
спекуляции — speculations
и — and

горячность, — hot-bloodedness
от — from
которой — which
он — he
не — not
мог — could
отрешиться — renounce
даже — even
в — in

старости, — (the) old age
мало-помалу — bit by bit
привели — brought
в — in
упадок — decline
его — his
дела, — business
и — and

бесстрашный, — fearlessness
самонадеянный, — self-reliance
гордый — pride
богач — riches
превратился — were converted

в — in
банкира — (a) banker
средней — average
руки, — (of) hand
трепещущего — quivering
при — with
всяком — every

повышении — increase
и — and
понижении — reduction
бумаг. — (of the) papers (stock portfolio)
"Проклятое — Cursed
пари!" — bet

бормотал — muttered
старик, — (the) old man
в — in
отчаянии — desperation
хватая — gripping
себя — himself
за — by
голову. — (the) head

"Зачем — Why
этот — this
человек — man
не — not
умер? — died
Ему — To him
еще — still
сорок — forty
лет. — years

Он — He
возьмет — will take
с — from
меня — me
последнее, — (the) last
женится, — Marry himself
будет — will be

наслаждаться — to delight in
жизнью, — life
играть — to play
на — on
бирже, — (the) stock exchange
а — and
я, — I
как — as

нищий, — poor man (beggar)
буду — will be
глядеть — to look
с — with
завистью — envy
и — and
каждый — each
день — day

слышать — to hear
от — from
него — him
одну — one
и — and
ту — that
же — same
фразу: — phrase
'Я — I
обязан — am obliged

вам — to you
счастьем — (for the) happiness
моей — (of) my
жизни, — life
позвольте — allow
мне — me
помочь — to help
вам!'" — you

"Нет,   это   слишком!   Единственное   спасение   от
No   this   too much   (The) Only   rescue   from
         (is)

банкротства   и   позора   -   смерть   этого   человека!"
bankruptcy   and disgrace   (is) death (of) this person

Пробило   три   часа.   Банкир   прислушался: в   доме   все
(It) struck three hours   (The) banker listened   in   (the) house all

спали,   и   только   слышно   было,   как   за   окнами   шумели
slept   and only   audible   was   how   behind (the) windows rustled

озябшие   деревья.
cold   trees

Стараясь   не   издавать   ни   звука,   он   достал   из
Trying   not   to give out (not) (a) sound he   obtained from

несгораемого   шкафа   ключ   от   двери,   которая   не
(the) fire-proof cabinet (the) key from (the) door which   not

отворялась   в   продолжение   пятнадцати   лет,   надел   пальто
(was) opened in   (the) duration (of) fifteen   years   (he) put on (a) coat
              (for)

и   вышел   из   дому.
and left   from (the) house

В   саду   было   темно   и   холодно.
In   (the) garden (it) was dark and cold

Шел   дождь.
(There) went rain
(fell)

Резкий сырой ветер с воем носился по всему саду и
Severe damp wind with howling rushed through (the) whole garden and

не давал покоя деревьям.
not gave rest (to the) trees

Банкир напрягал зрение, но не видел ни земли, ни
(The) banker strained (the) sight but (not) saw not (the) ground not
(eyes)

белых статуй, ни флигеля, ни деревьев. Подойдя к
(the) white statues not (the) wing not (the) trees After approaching to

тому месту, где находился флигель, он два раза
that place where was located (the) wing he two time

окликнул сторожа. Ответа не последовало.
hailed (the) watchman Answer not followed

Очевидно, сторож укрылся от непогоды и теперь спал
Obviously (the) watchman had covered himself from (the) foul weather and now slept
(had taken shelter)

где-нибудь на кухне или в оранжерее.
somewhere in (the) kitchen or in (the) hothouse

"Если у меня хватит духа исполнить свое намерение,"
If with me (is) enough spirit to carry out my intentions

подумал старик, "то подозрение прежде всего падет на
thought (the) old man then suspicion before all will fall onto

сторожа."
(the) watchman

45 Пари

Он нащупал в потемках ступени и дверь и вошел в
He groped in (the) dark steps and (the) door and entered in
(on)

переднюю флигеля, затем ощупью пробрался в
(the) hall (of the) wing then by touch (he) entered in

небольшой коридор и зажег спичку.
small corridor and lit up (a) match

Тут не было ни души. Стояла чья-то кровать без
Here not was not (a) soul (There) stood some bed without

постели, да темнела в углу чугунная печка.
mattress and darkened in (the) corner (a) cast iron stove

Печати на двери, ведущей в комнату узника, были
(The) seals on (the) door leading in (the) room (of the) prisoner were

целы.
whole
(unbroken)

Когда потухла спичка, старик, дрожа от волнения,
When went out (the) match (the) old man shaking from emotion

заглянул в маленькое окно. В комнате узника тускло
glanced in (the) small window In (the) room (of the) prisoner dimly

горела свеча. Сам он сидел у стола. Видны были
burnt (a) candle Himself he sat at (the) table Visible were

только его спина, волосы на голове да руки.
only his back hair on (the) head and (the) arms

На столе, на двух креслах и на ковре, возле стола,
On (the) table on two armchairs and on (the) carpet near (the) table

лежали раскрытые книги.
laid opened books

Прошло пять минут, и узник ни разу не шевельнулся.
(There) passed five minutes and (the) prisoner not once not stirred

Пятнадцатилетнее заключение научило его сидеть
(The) fifteen year imprisonment taught him to sit

неподвижно.
motionless

Банкир постучал пальцем в окно, и узник не ответил
(The) banker knocked (with the) finger on (the) window and (the) prisoner not answered

на этот стук ни одним движением.
to this knock not (by) one movement
(any)

Тогда банкир осторожно сорвал с двери печати и
Then (the) banker carefully tore away from (the) door (the) seals and

вложил ключ в замочную скважину. Заржавленный замок
put (the) key in (the) lock hole (The) rusty lock
(key)

издал хриплый звук, и дверь скрипнула.
gave out (a) rasping sound and (the) door creaked
(made)

47 Пари

Банкир ожидал, что тотчас же послышится крик
(The) banker expected that immediately indeed will be heard (a) cry

удивления и шаги, но прошло минуты три, и за
(of) surprise and steps but (there) passed (a) minute three and behind
(or)

дверью было тихо по-прежнему.
(the) door (it) was silent as before

Он решился войти в комнату.
He decided to enter (in) (the) room

За столом неподвижно сидел человек, не похожий на
Behind (the) table motionless sat (a) man not similar to

обыкновенных людей.
normal people

Это был скелет, обтянутый кожею, с длинными
This was (a) skeleton stretched over (by) skin with long

жесткими кудрями и с косматой бородой. Цвет лица у
rigid locks and with shaggy beard (The) color (of) face of

него был желтый, с землистым оттенком, щеки впалые,
him was yellow with earthen nuance (the) cheeks hollow

спина длинная и узкая, а рука, которою он
(the) back long and narrow and (the) arm by which he

поддерживал свою волосатую голову, была так тонка и
supported his hairy head was thus thin and

худа, что на нее было жутко смотреть.
skinny that at it (it) was terrifying to look

В волосах его уже серебрилась седина, и, глядя на
In hair his already silvered gray and looking at

старчески изможденное лицо, никто не поверил бы, что
ancient emaciated face no one not believed would that

ему только сорок лет. Он спал...
to him only forty years He slept

Перед его склоненною головой на столе лежал лист
Before his inclined head on (the) table laid (a) sheet

бумаги, на котором было что-то написано мелким
(of) paper on which was something written (in) small

почерком.
handwriting

"Жалкий человек!" подумал банкир. "Спит и, вероятно,
Pitiful fellow thought (the) banker (He) sleeps and probably

видит во сне миллионы! А стоит мне только взять
sees in the sleep millions But (it) stands to me only to take
(is left)

этого полумертвеца, бросить его на постель, слегка
this half dead to throw him on (the) bed slightly

придушить подушкой, и самая добросовестная экспертиза
smother (by the) pillow and (the) most thorough examination

не найдет знаков насильственной смерти. Однако
not will find (the) signs (of) forced death However

прочтем сначала, что он тут написал..."
let us read first what he here wrote

Банкир взял со стола лист и прочел следующее:
(The) banker took from (the) table (the) sheet and read (the) following

"общения с людьми."
communication to humanity
(declaration)

"Но, прежде чем оставить эту комнату и увидеть
But before (of) that to leave this room and to see

солнце, я считаю нужным сказать вам несколько слов.
(the) sun I reckon (it) necessary to say to you several words
(find)

По чистой совести и перед богом, который видит
On clean conscience and before god which sees
(with) (who)

меня, заявляю вам, что я презираю и свободу, и
me (I) declare to you that I despise and freedom and
(both)

жизнь, и здоровье, и все то, что в ваших книгах
life and health and everything that what in your books

называется благами мира."
(is) called (the) blessings (of the) world

"Пятнадцать лет я внимательно изучал земную жизнь.
Fifteen years I attentively studied (the) earthly life

Правда, я не видел земли и людей, но в ваших
Truth I not saw (on) earth and (the) people but in your

книгах я пил ароматное вино, пел песни, гонялся в
books I drank fragrant wine sang songs hunted in

лесах за оленями и дикими кабанами, любил женщин..."
(the) forests for deer and wild (in) loghouses (I) loved women
(beasts)

"Красавицы, воздушные, как облако, созданные
Beauties airily as (the) clouds created

волшебством ваших гениальных поэтов, посещали меня
(by the) magic (of) your brilliant poets (they) attended me

ночью и шептали мне чудные сказки, от которых
at night and (they) whispered to me strange fairy tales from which

пьянела моя голова."
became intoxicated my head
(mind)

"В ваших книгах я взбирался на вершины Эльбруса и
In your books I climbed to (the) heights (of the) Elbrus and

Монблана и видел оттуда, как по утрам восходило
(the) Mont Blanc and (I) saw from there as in (the) mornings rose

солнце и как по вечерам заливало оно небо, океан и
(the) sun and how in (the) evenings bathed it (the) sky (the) ocean and

горные вершины багряным золотом; я видел оттуда, как
(the) mountain heights (with) crimson gold I saw from there as

надо мной, рассекая тучи, сверкали молнии; я видел
over me cutting the clouds flashed lightning I saw

зеленые леса, поля, реки, озера, города, слышал пение
(the) green forests fields rivers lakes cities heard singing

сирен и игру пастушеских свирелей, осязал крылья
(of) sirens and (the) playing herdsmen's panflutes felt (the) wings

прекрасных дьяволов, прилетавших ко мне беседовать о
(of) beautiful devils flying on to me to converse about

боге..."
god

51 Пари

"В ваших книгах я бросался в бездонные пропасти,
In your books I rushed in bottomless precipices

творил чудеса, убивал, сжигал города, проповедовал
worked miracles killed burned cities preached

новые религии, завоевывал целые царства..."
new religions conquered whole reigns

"Ваши книги дали мне мудрость."
Your books gave me wisdom

"Все то, что веками создавала неутомимая человеческая
Everything that what (in) centuries was created (by) untiring human

мысль, сдавлено в моем черепе в небольшой ком."
thought is constrained in my skull in (a) small clump

"Я знаю, что я умнее всех вас."
I know that I (am) more wise all (of) you
(than)

"И я презираю ваши книги, презираю все блага мира
And I despise your books (I) despise every blessing (of the) world

и мудрость. Все ничтожно, бренно, призрачно и
and wisdom Everything is negligible is perishable is spectral and

обманчиво, как мираж."
is deceptive as (a) mirage

"Пусть вы горды, мудры и прекрасны, но смерть
Let be / you / proud / wise / and / beautiful / but / death

сотрет вас с лица земли наравне с подпольными
will erase / you / from / (the) face / (of the) earth / on the same level / with / underground

мышами, а потомство ваше, история, бессмертие ваших
mice / and / (the) legacy / (of) your / history / immortality / your

гениев замерзнут или сгорят вместе с земным шаром."
geniuses / will freeze / or / burn / together / with / (the) terrestrial / sphere

"Вы обезумели и идете не по той дороге. Ложь
You / lost the senses / and / (you) go / not / on / that / road / Lies

принимаете вы за правду и безобразие за красоту. Вы
assume / you / for / (the) truth / and / disgrace / for / beauty / You

удивились бы, если бы вследствие каких-нибудь
astonished / would be / if / (there) would be / as a result of / any

обстоятельств на яблонях и апельсинных деревьях
circumstances / on / (the) apple / and / orange / trees

вместо плодов вдруг выросли лягушки и ящерицы или
instead of / fruits / suddenly / grew / frogs / and / lizards / or

розы стали издавать запах вспотевшей лошади; так я
roses / started / to give out / (the) smell / (of) sweaty / horses / thus / I

удивляюсь вам, променявшим небо на землю. Я не
(am) surprised / (of) you / exchanging / (the) sky / for / (the) earth / I / not

хочу понимать вас."
want / to understand / you

53 Пари

"Чтоб показать вам на деле презрение к тому, чем
In order to *show* *you* *indeed* *contempt* *for* *that* *(for) what*

живете вы, я отказываюсь от двух миллионов, о
live *you* *I* *reject* *(from)* *(the) two* *million* *about*

которых я когда-то мечтал, как о рае, и которые
which *I* *sometime* *dreamed* *as* *about* *paradise* *and* *which*

теперь презираю. Чтобы лишить себя права на них, я
now *(I) despise* *In order to* *deprive* *myself* *(the) right* *to* *them* *I*

выйду отсюда за пять часов до условленного срока и
will leave *hence* *before* *five* *hour* *to* *(the) agreed* *period* *and*

таким образом нарушу договор..."
by such *means* *(I) will break* *(the) agreement*

Прочитав это, банкир положил лист на стол, поцеловал
After reading *this* *(the) banker* *laid down* *(the) sheet* *on* *(the) table* *kissed*

странного человека в голову, заплакал и вышел из
(the) strange *man* *on* *(the) head* *began to cry* *and* *left* *from*

флигеля.
(the) wing

Никогда в другое время, даже после сильных
Never *in* *another* *time* *even* *after* *great*

проигрышей на бирже, он не чувствовал такого
losses *on* *(the) exchange* *he* *not* *felt* *such*

презрения к самому себе, как теперь.
contempt *to* *himself* *as* *now*

Придя домой, он лег в постель, но волнение и слезы
After arriving home he laid in (the) bed but (the) emotion and (the) tears

долго не давали ему уснуть...
for long not gave (let) (to) him to fall asleep

На другой день утром прибежали бледные сторожа и
At (the) next day (in the) morning came running pale (the) watchman and

сообщили ему, что они видели, как человек, живущий
reported him that they saw how (the) man living

во флигеле, пролез через окно в сад, пошел к
in (the) wing climbed through (the) window in (the) garden went to

воротам, затем кто-то скрылся.
(the) gate then somewhere disappeared

Вместе со слугами банкир тотчас же отправился во
Together with (the) servants (the) banker immediately indeed directed himself into

флигель и удостоверил бегство своего узника. Чтобы не
(the) wing and certified (the) flight (of) his prisoner In order to not

возбуждать лишних толков, он взял со стола лист с
excite too much rumors he took from (the) table (the) sheet with

отречением и, вернувшись к себе, запер его в
(the) renunciation and after returning to himself (his own place) locked it in

несгораемый шкаф.
(the) fire-proof cabinet

55 Пари

Николай **Васильевич** **Гоголь**
Nikolai   Vasilyevich   Gogol

КОЛЯСКА
THE CARRIAGE

Городок	Б.	очень	повеселел,	когда	начал	в	нем	стоять
The town	B .	much	cheered up	when	began	in	it	to stay

Х	кавалерийский	полк.
X	cavalry	regiment

А	до	того	времени	было	в	нем	страх	скучно.
But	until	that	time	(it) was	in	him (there)	fearfully	boring

Когда,	бывало,	проезжаешь	его	и	взглянешь	на
When	(it) occurred	(that you) pass through	it	and	(you) glance	at

низенькие	мазаные	домики,	которые	смотрят	на	улицу
(the) small	dirty	little houses	which	look	onto	the street

до	невероятности	кисло,	то...	невозможно	выразить,	что
with	improbable	sourness	then	(it is) impossible	to express	what

делается	тогда	на	сердце:	тоска	такая,	как	будто	бы
is done	then	to	(the) heart	(the) melancholy	such	as	if	would

или	проигрался,	или	отпустил	некстати	какую-нибудь
either	(you) had lost	or	(you) let go (had committed)	no matter	some

глупость, - одним	словом:	нехорошо.
stupidity one	word	not good

Глина на них обвалилась от дождя, и стены вместо
(The) clay on them crumbled from (the) rain and (the) walls instead of

белых сделались пегими; крыши большею частию крыты
white made out of spots (the) roof (for a) large part is covered

тростником, как обыкновенно бывает в южных городах
by reeds as usually occurs in southern cities

наших; садики, для лучшего вида, городничий давно
of ours (the) small gardens for better view (the) chief of police long ago

приказал вырубить. На улицах ни души не встретишь,
ordered cut down On (the) streets not (a) soul not (you) will meet

разве только петух перейдет чрез мостовую, мягкую,
perhaps only (the) rooster passes through (the) bridge soft

как подушка, от лежащей на четверть пыли, которая
as (a) pillow from lying up to (a) quarter dust which

при малейшем дожде превращается в грязь, и тогда
with (the) least bit of rain converts in mud and then

улицы городка Б. наполняются теми дородными
(the) streets (of the) town В. fill themselves by those portly

животными, которых тамошний городничий называет
animals which (the) local citizen calls

французами. Выставив серьезные морды из своих ванн,
Frenchmen Sticking out serious snouts from their baths

они подымают такое хрюканье, что проезжающему
they raise such grunting that (to a) passerby

остается только погонять лошадей поскорее.
it is left only to drive on (the) horses faster

Впрочем,   проезжающего   трудно   встретить   в   городке   Б.
However   (a) passerby   is difficult   to meet   in   (the) town   В.

Редко,   очень   редко   какой-нибудь   помещик,   имеющий
Rarely   very   rarely   some   landowner   having

одиннадцать   душ   крестьян,   в   нанковом   сюртуке,
eleven   souls   peasants   in   nankeen   frock-coats

тарабанит   по   мостовой   в   какой-то   полубричке   и
ambling   on   (the) bridge   in   half carriage   and

полутележке,   выглядывая   из   мучных   наваленных   мешков
half cart   looking   from   fodder   piled   bags

и   пристегивая   гнедую   кобылу,   вслед   за   которою   бежит
and   fastened to   (a) bay   mare   following   after   which   runs

жеребенок.
(the) foal

Самая   рыночная   площадь   имеет   несколько   печальный
(The) very   market   area   offers   quite   (a) sad

вид: дом   портного   выходит   чрезвычайно   глупо   не   всем
view   (the) house   (of the) tailor   exits   extremely   foolish   not   by all

фасадом,   но   углом;   против   него   строится   лет
(the) facade   but   (by the) corner   opposite   it   (they) build   years
                                                              (a year)

пятнадцать   какое-то   каменное   строение   о   двух   окнах;
fifteen   some   stone   structure   over   two   windows
(or fifteen ago)

далее стоит сам по себе модный дощатый забор,
further stands self by itself fashionable of wooden planks stall

выкрашенный серою краскою под цвет грязи, который,
painted gray (the) paint under (the) color (of the) mud which

на образец другим строениям, воздвиг городничий во
as (a) model (for) other structures was erected (by the) chief of police in

время своей молодости, когда не имел еще
(the) time (of) his youth when not (he) had yet

обыкновения спать тотчас после обеда и пить на ночь
(the) habit to sleep immediately after dinner and to drink into (the) night

какой-то декокт, заправленный сухим крыжовником.
some decoction charged (by) dried gooseberries

В других местах вош почти плетень; посреди площади
In other places around just (the) poles (in the) middle (of the) square

самые маленькие лавочки; в них всегда можно
(the) most small shops in them always possible

заметить связку баранков, бабу в красном платке, пуд
to note (a) packet (of) rolls (an) old woman in red dress (a) bar
(cakes)

мыла, несколько фунтов горького миндалю, дробь для
(of) soap several pounds bitter almonds lead for

стреляния, демикотон и двух купеческих приказчиков, во
firing cotton and two merchant salesmen in

всякое время играющих около дверей в свайку.
all (the) time playing near (the) doors in marlinspike
(Russian game of the time)

Но как начал стоять в уездном городке Б.
But as began to stay in county town В.

кавалерийский полк, все переменилось. Улицы запестрели,
(the) cavalry regiment everything changed Streets bedazzled

оживились - словом, приняли совершенно другой вид.
were revived in a word took on completely different form

Низенькие домики часто видели проходящего мимо
Small houses frequently saw passing by

ловкого, статного офицера с султаном на голове,
adroit stately officer with turban on (the) head

шедшего к товарищу поговорить о производстве, об
going to (a) comrade to have a talk about (the) promotion about

отличнейшем табаке, а иногда поставить на карточку
very best tobacco and sometimes to place on (the) card

дрожки, которые можно было назвать полковыми, потому
carriages which (it is) possible was to name regimental therefore

что они, не выходя из полку, успевали обходить всех:
that they not leaving from (the) regiment (they) managed to go around all

сегодня катался в них майор, завтра они появлялись
today moved about in them (a) major tomorrow they appeared

в поручиковой конюшне, а чрез неделю, смотри, опять
in (the) lieutenants stable and after (a) week see again

майорский денщик подмазывал их салом.
(the) major's orderly greased them (with) fat

Деревянный плетень между домами весь был усеян
(The) wooden   fence   between   (the) houses   entirely   was   covered

висевшими на солнце солдатскими фуражками; серая
hanging   in   (the) sun   soldier's   peak caps   gray

шинель торчала непременно где-нибудь на воротах; в
overcoats   hung   continually   somewhere   on   (the) gates   in

переулках попадались солдаты с такими жесткими усами,
(the) alleys   fell about   (the) soldiers   with such   rigid   moustaches

как сапожные щетки.
as   shoe   brushes

Усы эти были видны во всех местах.
Moustaches these   were   visible   in   all   (the) places

Соберутся ли на рынке с ковшиками мещанки, из-за
(They) will be gathered   whether   on   (the) market   by   buckets   (the) petit-bourgeois   out from
(narrow minded citizens)

плеч их, верно, выглядывают усы.
shoulders   of them   probably   look   (the) moustaches

А лобном месте солдат с усами, уж верно, мылил
And   main   place   (the) soldier   with   (the) moustaches   already   probably   soaped

бороду какому-нибудь деревенскому пентюху, который
(the) beard   some   rural   lout   which
(simpleton)

только покряхтывал, выпуча глаза вверх.
only   croaked   bulging   eyes   upwards

Офицеры оживили общество, которое до того времени
(The) Officers revived (the) society which until that time

состояло только из судьи, жившего в одном доме с
consisted only of (the) judge living in one house with

какою-то диаконицею, и городничего, рассудительного
some deacon's wife and (the) police chief (a) reasonable

человека, но спавшего решительно весь день: от обеда
man but sleeping decisively entire day from lunch

до вечера и от вечера до обеда. Общество сделалось
to evening and from evening to lunch Society was made

еще многолюднее и занимательнее, когда переведена
still more populous and more entertaining when transferred

была сюда квартира бригадного генерала. Окружные
was here (the) staff quarters (of the) brigade General (The) surrounding

помещики, о которых существовании никто бы до того
landowners about who's existence no one would to that

времени не догадался, начали приезжать почаще в
time not (have) surmised began to arrive more often in
(known)

уездный городок, чтобы видеться с господами
district town in order to be seen with (the) gentlemen

офицерами, а иногда поиграть в банчик, который уже
officers and sometimes to play a little in bank which already
(a card game)

чрезвычайно темно грезился в голове их, захлопотанной
extremely dark was dreamed of in (the) head (of) them crammed full
(vaguely) (busy)

посевами, жениными поручениями и зайцами.
by the sowings wife's commissions and by the hares

Очень жаль, что не могу припомнить, по какому
(It is a) great pity that not (I) can recollect on (for) what

обстоятельству случилось бригадному генералу давать
circumstance (reason) happened (the) brigade General to give

большой обед; заготовление к нему было сделано
(a) large dinner (The) preparation to it was done

огромное: стук поваренных ножей на генеральской кухне
enormously sound cooking knives in (the) general's kitchen

был слышен еще близ городской заставы.
was audible still near (the) city gate

Весь рынок был забран совершенно для обеда, так
(The) entire market was taken away completely for (the) dinner so

что судья с своею диаконицею должен был есть одни
that (the) judge with his deacon's wife had to was eat just

только лепешки из гречневой муки да крахмальный
only flat cakes from buckwheat flour and starched

кисель.
kissel
(fruit or milk jelly , eastern european dessert)

Небольшой дворик генеральской квартиры был весь
(The) small courtyard (of the) general's apartment was entirely

уставлен дрожками и колясками. Общество состояло из
set by little carts and carriages Society consisted out of

мужчин: офицеров и некоторых окружных помещиков.
male officers and some surrounding landowners

Из помещиков более всех был замечателен Пифагор
Of (the) landowners most (of) all was remarkable Pythagoras

Пифагорович Чертокуцкий, один из главных аристократов
Pifagorovich Chertokutskiy one of (the) most important aristocrats

Б... уезда, более всех шумевший на выборах и
(of) B . district Most (of) all noisy at (the) elections and

приезжавший туда в щегольском экипаже. Он служил
arriving there in dandy coach He served

прежде в одном из кавалерийских полков и был один
before in one of (the) cavalry regiments and was one

из числа значительных и видных офицеров. По крайней
of (the) number known and visible officers (On) To (an) extreme
(famous) (high profile)

мере, его видали на многих балах и собраниях, где
extent him (they) saw on many balls and gatherings where

только кочевал их полк; впрочем, об этом можно
ever roamed their regiment by the way about this (it is) possible

спросить у девиц Тамбовской и Симбирской губерний.
to ask of (the) girls (of the) Tambovo and Simbirskoy provinces

Весьма может быть, что он распустил бы и в прочих
Totally can (it) be that he extended would be and in other
(possible)

губерниях выгодную для себя славу, если бы не
provinces advantageous for himself glory if would be not

вышел в отставку по одному случаю, который
(he) left in resignation on one case which

обыкновенно называется неприятною историею:
usually is called unpleasant history
(affair)

он ли дал кому-то в старые годы оплеуху или ему
he whether gave to whomever in old (earlier) years (a) slap or to him

дали ее, об этом наверное не помню, дело только в
they gave it about this surely not (I) remember (the) matter only in

том, что его попросили выйти в отставку. Впрочем, он
that that him (they) asked to leave in resignation However he

этим ничуть не уронил своего весу: носил фрак с
(because of) this not a bit not dropped his importance (he) wore (the) tail coat wit

высокою талией на манер военного мундира, на
high waist at (the) manner (of the) military uniform on

сапогах шпоры и под носом усы, потому что без того
(the) boots spurs and under (the) nose moustache therefore that without that

дворяне могли бы подумать, что он служил в пехоте,
(the) nobles could would think that he served in (the) infantry

которую он презрительно называл иногда пехтурой, а
which he contemptuously called sometimes pedestrians and

иногда пехонтарией. Он бывал на всех многолюдных
sometimes footmen He was present at all populous

ярмарках, куда внутренность России, состоящая из
fairs where (the) interior (population) (of) Russia consisting of

мамок, детей, дочек и толстых помещиков, наезжала
wet-nurses children daughters and fat landowners came now and then

веселиться бричками, таратайками, тарантасами и такими
to be cheered (with) brichkas (light carriages) (with) trataikas (cabriolet carriages) (with) tarantasses (springless carriages) and (with) such

каретами, какие и во сне никому не снились.
coaches what also in (the) sleep no one not dreamed (about)

Он пронюхивал носом, где стоял кавалерийский полк, и
He smelled out (by the) nose where was located (a) cavalry regiment and

всегда приезжал видеться с господами офицерами.
always arrived to be seen with (the) gentlemen officers

Очень ловко соскакивал перед ними с своей легонькой
Very deft (he) jumped off before them from his light

колясочки или дрожек и чрезвычайно скоро знакомился.
carriage or droshkie and extremely soon became acquainted
(phaeton)

В прошлые выборы дал он дворянству прекрасный
In past elections gave he (to the) nobility excellent

обед, на котором объявил, что если только его
dinners at which (he) declared that if only him

выберут предводителем, то он поставит дворян на
(they) will elect (as) leader that he will place (the) nobles at

самую лучшую ногу.
(the) very best footing

Вообще вел себя по-барски, как выражаются в уездах
Generally (he) behaved himself lordly as expressed in (the) districts

и губерниях, женился на довольно хорошенькой, взял
and (the) provinces (he) was married to (a) sufficiently pretty took
(one)

за нею двести душ приданого и несколько тысяч
for her two hundred souls (as) dowry and several thousand
(serfs)

капиталу.
(in) capital

Капитал был тотчас употреблен на шестерку
(The) capital was immediately used on six
(spend)

действительно отличных лошадей, вызолоченные замки к
really outstanding horses gilded locks to

дверям, ручную обезьяну для дома и
(the) doors (a) manual monkey for (the) house and
(tame)

француза-дворецкого. Двести же душ вместе с
(a) French butler Two hundred (those) souls together with
(serfs)

двумястами его собственных были заложены в ломбард
(the) two hundred (of) him self were placed in pawn
(mortgage)

для каких-то коммерческих оборотов. Словом, он был
for some commercial turnover, In a word he was
(whatever) (business deal)

помещик как следует... Изрядный помещик. Кроме него,
landowner as follows Very much (a) landowner Besides him
(the rule)

на обеде у генерала было несколько и других
to dinner with (the) General was several also other
(were)

помещиков, но об них нечего говорить. Остальные
landowners but about them nothing to say (The) rest

были все военные того же полка и два штаб-офицера:
were all servicemen (of) that same regiment and two staff officers

полковник и довольно толстый майор. Сам генерал был
(the) Colonel and (the) rather fat Major Himself (the) General was

дюж и тучен, впрочем хороший начальник, как
stalwart and fat however good chief as

отзывались о нем офицеры.
answered about him (the) officers
(said)

Говорил он довольно густым, значительным басом. Обед
Spoke / he / rather / rich / meaningful / bass / Dinner

был чрезвычайный: осетрина, белуга, стерляди, дрофы,
was / extraordinary / sturgeon / white sturgeon / sterlet / bustard

спаржа, перепелки, куропатки, грибы доказывали, что
asparagus / quail / partridges / mushrooms / proved / that

повар еще со вчерашнего дня не брал в рот
(the) cook / still / since / yesterday's / day / not / took (ate) () / in () / mouth ()

горячего, и четыре солдата с ножами в руках
hot (hot food) / and / four / soldiers / with / knives / in / (the) hands

работали на помощь ему всю ночь фрикасеи и желеи.
worked / to / (the) aid / (of) him / (the) entire / night / (on) frikasei (ragouts) / and / zhelei (jellies)

Бездна бутылок, длинных с лафитом, короткошейных с
Bottomless / bottles / long / with / claret / short-necked / with

мадерою, прекрасный летний день, окна, открытые
madeira / (the) excellent / summer / day / (the) windows / opened

напролет, тарелки со льдом на столе, отстегнутая
right through (wide open) / (the) plates / with / ice / at / (the) table / unfastened

последняя пуговица у господ офицеров, растрепанная
(the) last (lowest) / button / of / (the) gentlemen / officers / crumpled

манишка у владетелей укладистого фрака, перекрестный
shirtfronts / of / (the land-) owners' / fashionable / tail coats / crossing

разговор, покрываемый генеральским голосом и
conversations / dominated / (by the) General's / voice / and

заливаемый шампанским, - все отвечало одно другому.
poured / (by) champagne / everything answered (belonged) / (to) one / another

После обеда все встали с приятною тяжестью в
After dinner everyone rose with pleasant gravity in

желудках и, закурив трубки с длинными и короткими
(the) stomachs and after smoking (the) pipe with long and short

чубуками, вышли с чашками кофею в руках на
stems (they) left with (the) cups (of) coffee in (the) hands to

крыльцо. У генерала, полковника и даже майора
(the) porch Of (the) General (the) Colonel and even (the) Major

мундиры были вовсе расстегнуты, так что видны были
(the) uniform jackets were completely unbuttoned so that visible were

слегка благородные подтяжки из шелковой материи, но
slightly noble suspenders from silk material but

господа офицеры, сохраняя должное уважение, пребыли
(the) gentlemen officers preserving proper respect (they) stayed

с застегнутыми, выключая трех последних пуговиц. "Вот
(with) buttoned excluding (the) three last buttons Here

ее можно теперь посмотреть," сказал генерал.
her (it is) possible now to see said (the) General

"Пожалуйста, любезнейший," примолвил он, обращаясь к
If you please (my) dear bade he turning to
(fellow)

своему адьютанту, довольно ловкому молодому человеку
his adjutant (a) quite adroit young man

приятной наружности, "прикажи, чтобы привели сюда
(of) pleasant appearance order to have that (they) brought here

гнедую кобылу! Вот вы увидите сами."
(the) bay mare Here you will see yourselves

Тут генерал потянул из трубки и выпустил дым. "Она
Here (the) General took a pull from (the) pipe and let out smoke She

еще не слишком в холе: проклятый городишко, нет
still not too much in condition cursed little town no

порядочной конюшни. Лошадь, пуф, пуф, очень
decent stable (The) horse puff puff very

порядочная!"
decent

"И давно, ваше превосходительство, пуф, пуф, изволите
And long ago your excellency puff puff will deign (deigned)

иметь ее?" сказал Чертокуцкий.
to have her said Chertokutskiy

"Пуф, пуф, пуф, ну... пуф, не так давно. Всего
Puff puff puff well puff not so long ago In all

только два года, как она взята мною с завода!"
only two years as she was taken by me with (the) factory (from) (for horse breeding)

"И получить ее изволили объезженную или уже здесь
And to obtain her (you) deigned broken in (tamed) or already here

изволили объездить?"
(you) deigned to break in (tame it)

"Пуф, пуф, пу, пу, пу... у... у... ф, здесь," сказавши
Puff puff pu pu pu u u f here after saying

это, генерал весь исчезнул в дыме.
this (the) General entirely disappeared in (the) smoke

Между тем из конюшни выпрыгнул солдат, послышался
Between that from (the) stable jumped out (a) soldier was heard
(at that moment)

стук копыт, наконец показался другой, в белом
trampling (of) hooves finally appeared another in white

балахоне, с черными огромными усами, ведя за узду
overalls with black enormous moustaches leading by (the) bridle

вздрагивавшую и пугавшуюся лошадь, которая, вдруг
quivering and frightened horse which suddenly

подняв голову, чуть не подняла вверх присевшего к
after raising (the) head only not raised upward (the) squatted to
(almost) (pressed)

земле солдата вместе с его усами. "Ну ж, ну!
(the) earth soldier together with his moustaches Well then well

Аграфена Ивановна!" говорил он, подводя ее под
Agrafena Ivanovna said he bringing her under

крыльцо. Кобыла называлась Аграфена Ивановна; крепкая
(the) porch (The) Mare was called Agrafena Ivanovna strong

и дикая, как южная красавица, она грянула копытами
and wild as (a) southern beauty she burst out (with the) hooves

в деревянное крыльцо и вдруг остановилась. Генерал,
in (the) wooden porch and suddenly stopped (The) General
(on)

опустивши трубку, начал смотреть с довольным видом
after lowering (the) pipe began to look with (a) contented look

на Аграфену Ивановну.
to Agrafenu Ivanovnu

Сам полковник, сошедши с крыльца, взял Аграфену
(The) same   Colonel   moving off   with (the) porch took   Agrafenu
                                     (from)

Иваповну за морду. Сам майор потрепал Аграфену
Ivapovnu   by (the) snout Himself (the) Major petted   Agrafenu

Ивановну по ноге, прочие пощелкали языками.
Ivanovna   on (the) legs   others   clacked   (with the) tongues

Чертокуцкий сошел с крыльца и зашел ей взад.
Chertokutskiy   descended   with (the) porch and came up to her backwards
                            (from)

Солдат, вытянувшись и держа узду, глядел прямо
(The) soldier drew up himself and holding (the) bridle looked   directly

посетителям в глаза, будто бы хотел вскочить в них.
(the) visitors in (the) eye as if would (he) wanted to jump in them
                                                                  (on)

"Очень, очень хорошая!" сказал Чертокуцкий, "статистая
Very   very   good   said   Chertokutskiy   stately

лошадь! А позвольте, ваше превосходительство, узнать,
horse   But please   your excellency   to let me know

как она ходит?"
how she goes

"Шаг у нее хорош; только... черт его знает... этот
Step of her is good   only   devil him knows   this
                                              (finds)

дурак фершел дал ей каких-то пилюль, и вот уже
fool   doctor   gave her some   pill   and here already

два дня все чихает."
two days always sneezes

"Очень,   очень   хороша.   А   имеете   ли,   ваше
Very   very   good   But has   perhaps your

превосходительство,   соответствующий   экипаж?"
excellency   (an) appropriate   carriage

"Экипаж? ..   Да   ведь   это   верховая   лошадь."
Crew   Yes   indeed this   (an) upright horse
               (but)   (is)   (riding)

"Я   это   знаю;   но   я   спросил   ваше   превосходительство
I   this   know   but   I   asked   your   excellency

для   того,   чтобы   узнать,   имеете   ли   и   к   другим
for   that   in order to learn   (you) have   whether   also   to   (the) other

лошадям   соответствующий   экипаж."
horses   appropriate   carriage

"Ну,   экипажей   у   меня   не   слишком   достаточно."
Well   carriages   by   me   not   too   sufficient

"Мне,   признаться   вам   сказать,   давно   хочется   иметь
Me   to admit   to you   to say   long ago   wants   to have

нынешнюю   коляску.   Я   писал   об   этом   к   брату   моему,
current   carriage   I   wrote   about   this   to   brother   mine

который   теперь   в   Петербурге,   да   не   знаю,   пришлет   ли
which   now   in   Petersburg   yes   not   (I) know   will send   whether

он   или   нет."
he   or   not

"Мне кажется, ваше превосходительство," заметил
To me | it seems | your | excellency | noted

полковник, "нет лучше коляски, как венская."
(the) Colonel | not | (there) is better | carriages | as | Viennese

"Вы справедливо думаете, пуф, пуф, пуф."
You | correct | think | puff | puff | puff

"У меня, ваше превосходительство, есть чрезвычайная
With | me | your | excellency | there is | extraordinary

коляска настоящей венской работы."
carriage | real | Viennese | work

"Какая? Та, в которой вы приехали?"
Which | That | in | which | you | arrived

"О нет. Это так, разъездная, собственно для моих
O | no | This | thus | travelling | strictly | for | my

поездок, но та... это удивительно, легка как перышко;
trips | but | that | that | (is) amazing | (it is) light | as | (a) little feather

а когда вы сядете в нее, то просто как бы, с
and | when | you | sit down | in | it | than | simply | as | if | with

позволения вашего превосходительства, нянька вас в
(the) permission | (of) your | excellency | (a) nurse | you | in

люльке качала!"
(the) cradle | rocked

"Стало   быть,   покойна?"
(It) would   be   quiet

"Очень,   очень   покойна;   подушки,   рессоры, - это   все   как
Very   very   quiet   (the) pillows   (the) springs   this   all   as

будто   на   картинке   нарисовано."
if   in   (a) picture   (were) drawn

"Это   хорошо."
This   is good

"А   уж   укладиста   как!   то   есть   я,   ваше
And   in fact   (the) packing   how   That   is   I   your
(it is)

превосходительство,   и   не   видывал   еще   такой.   Когда   я
excellency   and   not   saw   before   such   When   I

служил,   то   у   меня   в   ящики   помещалось   десять
served   then   with   me   in   boxes   were placed   ten

бутылок   рому   и   двадцать   фунтов   табаку;   кроме   того,
bottles   rum   and   twenty   pounds   tobacco   besides   that

со   мною   еще   было   около   шести   мундиров,   белье   и
with   me   still   was   about   six   uniforms   (of) linen   and

два   чубука,   ваше   превосходительство,   такие   длинные,
two   pipes   your   excellency   so   long

как,   с   позволения   сказать,   солитер,   а   в   карманы
as   with   (the) permission   to say   (a) tapeworm   and   in   (the) pockets
(inside of the coach)

можно   целого   быка   поместить."
possible   (a) whole   bull   to place

"Это   хорошо."
This   (is) good

"Я,   ваше   превосходительство,   заплатил   за   нее   четыре
I   your   excellency   paid   for   it   four

тысячи."
thousand

"Судя   по   цене,   должна   быть   хороша;   и   вы   купили   ее
Judging   on   (the) price   (it) must   be   good   and   you   purchased   it

сами?"
yourself

"Нет,   ваше   превосходительство;   она   досталась   по
No   your   excellency   it   was acquired   by

случаю.   Ее   купил   мой   друг,   редкий   человек,   товарищ
event   It   purchased   my   friend   rare   man   comrade
(chance)

моего   детства,   с   которым   бы   вы   сошлись   совершенно;
(of) my   childhood   with   whom   would   you   come together   completely
                                                                    (be pleased)

мы   с   ним   -   что   твое,   что   мое,   все   равно.   Я
we   with   him   that   yours   that   mine   everything   (is) equal   I

выиграл   ее   у   него   в   карты.   Не   угодно   ли,   ваше
won   her   from   him   in   cards   Not   is convenient   whether   your
        (it)

превосходительство,   сделать   мне   честь   пожаловать   завтра
excellency   to make   to me   (the) honor   to grant   tomorrow

ко   мне   отобедать,   и   коляску   вместе   посмотрите."
to   me   to lunch out   and   (the) carriage   together   (you) will look

"Я   не   знаю,   что   вам   на   это   сказать.   Мне   одному
I   not   know   what   to you   to   this   to say   To me   one
                                                                  (one is needed)

как-то...   Разве   уж   позволите   вместе   с   господами
like that   Perhaps indeed (you) will allow together with (the) gentlemen

офицерами?"
officers

"И   господ   офицеров   прошу   покорнейше."
Also (the) gentlemen officers (I) please (with) obediency

"Господа,   я   почту   себе   за   большую   честь   иметь
Gentlemen   I   esteem   myself   for   (the) large   honor   to have

удовольствие   видеть   вас   в   своем   доме!"
(the) pleasure   to see   you   in   my   house

Полковник,   майор   и   прочие   офицеры   отблагодарили
(The) Colonel   (the) Major and (the) other   officers   thanked

учтивым   поклоном.
(by) civilized bow

"Я,   ваше   превосходительство,   сам   того   мнения,   что
I   your   excellency   myself (of) that opinion   that

если   покупать   вещь,   то   непременно   хорошую,   а   если
if   (one has to) buy (a) thing that without fail   good   and   if

дурную,   то   нечего   и   заводить."
bad   than   nothing   also to acquire

"Вот   у   меня,   когда   сделаете   мне   честь   завтра
Here   with   me   when   (you) will make   to me   (the) honor   tomorrow

пожаловать,   я   покажу   кое-какие   статьи,   которые   я   сам
to grant   I   will show   some   items   which   I   myself

завел   по   хозяйственной части."
brought on   owned land
               (estate)

Генерал   посмотрел   и   выпустил   изо   рту   дым.
(The) General looked   and   let out   from   (the) mouth smoke

Чертокуцкий   был   чрезвычайно   доволен,   что   пригласил   к
Chertokutskiy was   extremely   content   that   (he) invited   to

себе   господ   офицеров;   он   заранее   заказывал   в   голове
himself (the) gentlemen officers he   in advance   ordered   in   (the) head

своей   паштеты   и   соусы,   посматривал   очень   весело   на
his   pies   and sauces   (he) looked   very   happy   to

господ   офицеров,   которые   также   с   своей   стороны
(the) gentlemen officers   who   also   with   their   side
                                              (from)

как-то   удвоили   к   нему   свое   расположение,   что   было
somehow   doubled   to   him   their   attentions   which   was

заметно   из   глаз   их   и   небольших   телодвижений   вроде
noticeable from (the) eyes (of) them and small   movements   like

полупоклонов.
slight bows

Чертокуцкий выступал вперед как-то развязнее, и голос
Chertokutskiy came out forward somehow perter and (the) voice

его принял расслабление: выражение голоса,
(of) him took on (a) softer expression (of the) voice
(tone)

обремененного удовольствием. "Там, ваше
laden (with) pleasure There your

превосходительство, познакомитесь с хозяйкой дома."
excellency (you) will be introduced with (the) mistress (of the) house

"Мне очень приятно," сказал генерал, поглаживая усы.
To me very pleasant said (the) General stroking (the) moustaches

Чертокуцкий после этого хотел немедленно отправиться
Chertokutskiy after this wanted immediately to leave

домой, чтобы заблаговременно приготовить все к
(for) home in order to in advance to prepare everything to

принятию гостей к завтрашнему обеду; он взял уже
(the) taking in (of the) guests to tomorrow's lunch he took already
(reception) (taken)

было и шляпу в руки, но как-то так странно
was also (the) hat in (the) hands but somehow thus strange
(had)

случилось, что он остался еще на несколько времени.
(it) happened that he remained still for a little time

Между тем   уже   в   комнате   были   расставлены
Between that   already   in   (the) room   were   arranged
(in that time)

ломберные столы.
lomber tables
(special card tables)

Скоро   все   обществе   разделилось   на   четвертые   партии
Soon   (the) whole company   was divided   in   (of) four   parties

в   вист   и   расселось   в   разных   углах   генеральских   комнат.
in   whist   and   took seats   in   different   corners   (of the) general's   rooms

Подали   свечи.   Чертокуцкий   долго   не   знал,   садиться   или
(There were) Offered candles Chertokutskiy   for long   not   knew   to sit down   or

не   садиться   ему   за   вист.
not   to sit down   to him   for   whist

Но   как   господа   офицеры   начали   приглашать,   то   ему
But   as   (the) gentlemen officers   began   to invite   then   (to) him

показалось   очень   несогласно   с   правилами   общежития
(it) seemed   very   disagreeing   with   (the) rules   (of) hospitality

отказаться.
to refuse

Он присел. Нечувствительно очутился пред ним стакан
He sat down Unnoticed appeared before him (a) glass

с пуншем, который он, позабывшиеь, в ту же минуту
with punch which he forgetting in that same minute
(of) (without thinking)

выпил.
drank

Сыгравши два роберта, Чертокуцкий опять нашел под
After playing two rubbers Chertokutskiy again found under
(games)

рукою стакан с пуншем, который тоже, позабывшись,
(the) hand (the) glass with punch which also forgetting
(of) (without thinking)

выпил, сказавши наперед: "Пора, господа, мне домой,
(he) drank after saying before (It's) Time gentlemen (for) me (to go) home

право, пора." Но опять присел и на вторую партию.
really time But again (he) sat down also to (the) second part
(game)

Между тем разговор в разных углах комнаты принял
Between that conversation in different corners (of the) room took on
(In that time)

совершенно частное направление. Играющие в вист
completely individual directions Playing in whist

были довольно молчаливы; но неигравшие, сидевшие на
(they) were quite taciturn but (the) non-players sitting on
(silent)

диванах в стороне, вели свой разговор.
(the) sofas in (the) sides (they) conductedtheir conversation
(at)

В одном углу штаб-ротмистр, подложивши себе под бок
In one corner (the) staff captain after placing himself under (the) back

подушку, с трубкою в зубах, рассказывал довольно
(a) pillow with (the) pipe in (the) teeth told rather

свободно и плавно любовные свои приключения и
free and smooth amorous his adventures and

овладел совершенно вниманием собравшегося около него
mastered complete attention (of the) gathered about him

кружка.
circle

Один чрезвычайно толстый помещик с короткими руками,
One extremely fat landowner with short arms

несколько похожими на два выросшие картофеля,
a little similar to two grown potatoes

слушал с необыкновенною сладкою миною и только по
listened with unusual sweet expression and only at

временам силился запустить коротенькую свою руку за
times (he) tried to put back rather short his arm behind

широкую спину, чтобы вытащить оттуда табакерку.
wide back in order to take out from there (the) snuff-box

В другом углу завязался довольно жаркий спор об
In another corner was tied (a) rather hot dispute about
(went on)

эскадронном учении, и Чертокуцкий, который в это
(cavalry) squadron study and Chertokutskiy which in that
(drill)

время уже вместо дамы два раза сбросил валета,
time already instead of (the) lady two (the) times threw out (the) jack

вмешивался вдруг в чужой разговор и кричал из
interfered suddenly in (the) other conversation and shouted from

своего угла: "В котором году?" или"Которого полка?" -
his corner In which year or What regiment

не замечая, что иногда вопрос совершенно не
not noting that sometimes (the) question completely not

приходился к делу. Наконец, за несколько минут до
went together to (the) matter Finally for several minutes to
(applied)

ужина, вист прекратился, но он продолжался еще на
supper (the) whist ceased but he continued still in

словах, и казалось, головы всех были полны вистом.
words and (it) seemed (the) heads (of) all were filled (by) whist

Чертокуцкий очень помнил, что выиграл много, но
Chertokutskiy very well remembered that (he had) won much but

руками не взял ничего и, вставши из-за стола, долго
(with his) hands not took nothing and after rising from behind (the) table for long

стоял в положении человека, у которого нет в
stood in (the) position (of a) man by who not in
(is)

кармане носового платка.
(the) pocket nose kerchief

Между тем подали ужин. Само собою разумеется, что в
Between that (they) offered supper Oneself (can) understand that in
(In that time)

винах не было недостатка и что Чертокуцкий почти
wines not (it) was lacking and that Chertokutskiy almost

невольно должен был иногда наливать в стакан себе
involuntarily needed was sometimes to fill in (the) glass (for) himself

потому, что направо и налево стояли у него бутылки.
therefore that (to the) right and (to the) left stood of him bottles

Разговор затянулся за столом предлинный, но, впрочем,
Conversation wound itself over (the) table prolonging but however

как-то странно он был веден.
somewhat strange he was carried on
(it)

Один помещик, служивший еще в кампанию 1812 года,
One landowner serving still in (the) campaign 1812 year

рассказал такую баталию, какой никогда не было, и
described such (a) battle that never not was and

потом, совершенно неизвестно по каким причинам, взял
then completely unknown for what reasons took

пробку из графина и воткнул ее в пирожное.
(the) cork from (a) bottle and inserted it in (the) pastry

Словом, когда начали разъезжаться, то уже было три
In a word, when (they) began to depart then already it was three

часа, и кучера должны были нескольких особ взять в
hour(s) and (the) coachmen necessary were several persons to take in

охапку, как бы узелки с покупкою, и Чертокуцкий,
(the) arms as would (they be) bundles of merchandise and Chertokutskiy

несмотря на весь аристократизм свой, сидя в коляске,
despite of all aristocratism his sitting in (the) carriage

так низко кланялся и с таким размахом головы, что,
so low bowed and with such sweep (the) head that

приехавши домой, привез в усах своих два репейника.
arriving home brought in moustaches his two thistles

В доме все совершенно спало; кучер едва мог
In (the) house everyone completely asleep (the) coachman hardly could

сыскать камердинера, который проводил господина чрез
find (the) valet who carried out (the) sir through

гостиную, сдал горничной девушке, за которою кое-как
(the) drawing room (him) gave over (to the) maid girl behind who somehow

Чертокуцкий добрался до спальни и уложился возле
Chertokutskiy reached (to) (the) bedroom and laid out near

своей молоденькой и хорошенькой жены, лежавшей
his very young and pretty wife lying

прелестнейшим образом, в белом как снег спальном
(in a) most charming manner in (a) white as snow sleeping

платье.
dress

Движение, **произведенное** **падением** **ее** **супруга** **на**
(The) Motions produced (by the) drop (of) her husband onto

кровать, **разбудило** **ее.**
(the) bed woke her

Протянувшись, **поднявши** **ресницы** **и** **три** **раза** **быстро**
After stretching raising (the) eyelashes and three times rapidly

зажмуривши **глаза,** **она** **открыла** **их** **с** **полусердитою**
blinking (the) eyes she opened them with half angry

улыбкою; **но,** **видя,** **что** **он** **решительно** **не** **хочет**
smile but seeing that he decisively not wants

оказать **на** **этот** **раз** **никакой** **ласки,** **с** **досады**
to show at that time any kindness with vexation

поворотилась **на** **другую** **сторону** **и,** **положив** **свежую**
(she) turned to (the) other side and laying fresh

свою **щеку** **на** **руку,** **скоро** **после** **него** **заснула.**
her cheek onto (the) hand soon after him (she) fell asleep

Было **уже** **такое** **время,** **которое** **по** **деревням** **не**
It was already such time which on (in) (the) villages not

называется **рано,** **когда** **проснулась** **молодая** **хозяйка**
(is) called early when awoke (the) young mistress

возле **храпевшего** **супруга.**
next to (the) snoring husband

Вспомнивши,	что	он	возвратился		вчера	домой	в
After recalling	that	he	returned		yesterday	home	in

четвертом	часу	ночи,	она	пожалела	будить	его	и,
(the) fourth	hour	(of the) night	she	pitied	to wake	him	and

надев	спальные башмачки,		которые	супруг	ее	выписал	из
after putting on	sleeping shoes (slippers)		which	(the) husband	her	ordered out	from

Петербурга,	в	белой	кофточке,	драпировавшейся	на	ней,
Petersburg	in	white	blouse	draped	on	her

как	льющаяся	вода,	она	вышла	в	свою	уборную,
as	flowing	water	she	left	into	her	restroom

умылась	свежею,	как	сама,	водою	и	подошла	к	туалету.
washed	becoming fresher	as	(the) very	water	and	approached	to	(the) toilet (mirror desk)

Взглянувши	на	себя	раза	два,	она	увидела,	что
After glancing	to	herself	times	two	she	saw	that

сегодня	очень	недурна.	Это,	по-видимому,	незначительное
today	very	not bad	This	visibly	insignificant

обстоятельство	заставило	ее	просидеть	перед	зеркалом
circumstance	forced	her	to sit through	before	(the) mirror

ровно	два	часа	лишних.	Наконец	она	оделась	очень
exactly	two	hours	more	Finally	she	dressed	very

мило	и	вышла	освежиться	в	сад.
dear	and	left	to refresh	in	(the) garden

Как нарочно, время было тогда прекрасное, каким
As if on purpose (the) weather was then excellent as what

может только похвалиться летний южный день. Солнце,
can only be praised (as a) summer southern day (The) sun

вступивши на полдень, жарило всею силою лучей, но
after reaching to noon warmed (with the) whole ardent rays but

под темными густыми аллеями гулять было прохладно,
under dark thick lanes to go for a walk was cool
(treed avenues)

и цветы, пригретые солнцем, утрояли свой запах.
and (the) flowers warmed (by the) sun exhaled their smell

Хорошенькая хозяйка вовсе позабыла о том, что уже
(The) pretty mistress completely forgot about that it already
(was)

двенадцать часов и супруг ее спит. Уже доходило до
twelve hours and husband (of) her sleeps Already reached to

слуха ее послеобеденное храпенье двух кучеров и
(the) hearing (of) her after-lunch snoring two coachmen and

одного форейтора, спавших в конюшне, находившейся за
one groom sleeping in (the) stable located behind

садом. Но она все сидела в густой аллее, из
(the) garden But she all sat in (the) thick lane from
(only)

которой был открыт вид на большую дорогу, и
which (it) was opened (a) view onto (the) large road and

рассеянно глядела на безлюдную ее пустынность, как
absent-mindedly (she) looked to without people its emptyness as

вдруг показавшаяся вдали пыль привлекла ее внимание.
suddenly seemed far away dust drew her attention

Всмотревшись, она скоро увидела несколько экипажей.
After scrutinizing she soon saw several coaches

Впереди ехала открытая двуместная легонькая колясочка;
In front went (an) open two-seater light carriage

в ней сидел генерал с толстыми, блестевшими на
in it sat (the) General with broad shining in

солнце эполетами и рядом с ним полковник. За ней
(the) sun epaulets and next by him (the) Colonel Behind it

следовала другая, четвероместная; в ней сидел майор
followed another four-seater in it sat (the) Major

с генеральским адъютантом и еще двумя насупротив
with (the) General's adjutant and another two opposite

сидевшими офицерами; за коляской следовали известные
sitting officers behind (the) carriage followed (the) known

всем полковые дрожки, которыми владел на этот раз
to all regimental droshkie which managed at this time
(light carriage)

тучный майор; за дрожками четвероместный бонвояж, в
(the) fat Major behind (the) droshkie four-seater bonvoyage in
(travel carriage)

котором сидели четыре офицера и пятый на руках...
which sat four officers and (the) fifth at the hands
(reigns)

за бонвояжем рисовались три офицера на прекрасных
behind (the) bonvoyage were sketched three officers on excellent
(travel carriage) (stood out)

гнедых лошадях в темных яблоках.
bay horses in dark apples
(dappled)

"Неужели это к нам?" подумала хозяйка дома.
Not can be this to us thought (the) mistress (of the) house
      (for)

"Ах, боже мой! в самом деле они поворотили на
Ah God mine in very case they turned onto
        (any)

мост!"
(the) bridge

Она вскрикнула, всплеснула руками и побежала чрез
She yelled threw out (the) arms and broke into a run through

клумбы и цветы прямо в спальню своего мужа. Он
(the) flower beds and flowers directly into (the) bedroom (of) her husband He

спал мертвецки.
slept (as if) dead

"Вставай, вставай! вставай скорее!" кричала она, дергая
Arise arise arise quickly shouted she pulling
(wake up) (wake up) (wake up)

его за руку.
him by (the) arm

"А?" проговорил, потягиваясь, Чертокуцкий, не раскрывая
But spoke stretching Chertokutskiy not revealing

глаз.
(the) eyes

"Вставай, пульпультик! слышишь ли? гости!"
Arise little chestnut (do you) hear perhaps guests
(wake up)

"Гостя, какие гости?" сказавши это, он испустил
Guest what guests after saying this he emitted

небольшое мычание, какое издает теленок, когда ищет
(a) small lowing that gives out (the) calf when searches (searching)

мордою сосков своей матери.
(with the) snout (the) nipples (of) its mother

"Мм...", ворчал он, протяни, моньмуня, свою шейку, "я
Mm grumbled he stretching plaintively his neck I

тебя поцелую."
you kiss

"Душенька, вставай, ради бога, скорей. Генерал с
Darling arise for sake of god quickly (The) General with

офицерами! Ах, боже, мой, у тебя в усах репейник."
(the) officers Ah god mine with you in moustaches (a) thistle

"Генерал? А, так он уже едет? Да что же это, черт
(The) General But so he already goes (comes) Yes what still this devil

возьми, меня никто не разбудил? А обед, что ж
take me no one not woke But (the) lunch what about

обед, все ли там как следует готово?"
(the) lunch everything whether there as follows (it should) (is) prepared

"Какой обед?"
What lunch

"А я разве не заказывал?"
But I perhaps not (it) ordered

"Ты? ты приехал в четыре часа ночи, и, сколько я
You you arrived at four hours (at) night and how much I

ни спрашивала тебя, ты ничего не сказал мне. Я
not asked you you nothing not said to me I

тебя, пульпультик, потому не будила, что мне жаль
you little chestnut therefore not woke that to me it is a pity

тебя стало: ты ничего не спал..."
(for) you became you nothing not slept

Последние слова сказала она чрезвычайно томным и
Latter words said she (with) very languid and

умоляющим голосам.
pleading voices

Чертокуцкий, вытаращив глаза, минуту лежал на постеле
Chertokutskiy after staring (out of the) eyes (a) minute laid on (the) bed

как громом пораженный. Наконец вскочил он в одной
as (by) thunder struck Finally jumped he in a

рубашке с постели, позабывши, что это вовсе
shirt with (the) bed forgetting that this completely
(from)

неприлично. "Ах я лошадь!" сказал он, ударив себя по
(is) improper Ah I (am a) horse said he striking himself on

лбу. "Я звал их на обед. Что делать? далеко они?"
(the) forehead I called them to lunch What to do (are) far they

"Я не знаю... они должны сию минуту уже быть."
I not know   they must   this minute   already to be

"Душенька... спрячься! .."
Darling   hide yourself

"Эй, кто там! ты, девчонка! ступай, чего, дура,
Eh who there you girl   step in   what fool

боишься? Приедут офицеры сию минуту. Ты скажи, что
(you) fear Will arrive officers this minute. You say that

барина нет дома, скажи, что и не будет совсем, что
(the) nobleman not at home say that and not (he) will be entirely that
                                          (there) (at all)

еще с утра выехал, слышишь? И дворовым всем
even by morning (he) left you hear And (in the) courtyard to all

объяви, ступай скорее!"
declare step faster

Сказавши это, он схватил наскоро халат и побежал
After saying this he gripped quickly dressing gown and broke into a run

спрятаться в экипажный сарай, полагая там положение
to hide himself in (the) carriage house assuming there (the) place

свое совершенно безопасным. Но, ставши в углу сарая,
his completely without-danger But standing in (a) corner (of the) shed
                             (safe)

он увидел, что и здесь можно было его как-нибудь
he saw that also here possible (it) was him in some way

увидеть.
to see

"А вот это будет лучше", - мелькнуло в его голове, и
But here this will be better flashed in his head and

он в одну минуту отбросил ступени близ стоявшей
he in one minute threw himself on (the) steps (of the) nearest standing

коляски, вскочил туда, закрыл за собою дверцы, для
carriage jumped (in) there shut behind him (the) door for

большей безопасности закрылся фартуком и кожею и
larger safety covered himself (by the) apron and (by the) leather and

притих совершенно, согнувшись в своем халате.
grew quiet completely wrapped up in his dressing gown

Между тем экипажи подъехали к крыльцу.
In that time (the) coaches drove up to (the) porch

Вышел генерал и встряхнулся, за ним полковник,
Got out (the) General and shook himself behind him the Colonel

поправляя руками султан на своей шляпе. Потом
repairing (with the) hands (the) sultan on his hat Then
(feather brooch)

соскочил с дрожек толстый майор, держа под мышкою
jumped off with (the) droshkie (the) fat Major holding under (his) arm
(from) (light carriage)

саблю. Потом выпрыгнули из бонвояжа тоненькие
(a) sabre Then jumped out from bonvoyage (the) slim
(travel carriage)

подпоручики с сидевшим на руках прапорщиком, наконец
second lieutenants with sitting on (the) arms (the) ensign finally

сошли с седел рисовавшиеся на лошадях офицеры.
got down from (the) saddles drawn on (the) horses officers
(standing out)

"Барина нет дома," сказал, выходя на крыльцо, лакей.
Nobleman (is) not (at) home said coming out to (the) porch (the) footman

"Как нет? стало быть, он, однако ж, будет к обеду?"
How not became to be he however still will be for lunch
(it)

"Никак нет. Они уехали на весь день. Завтра разве
In no way no They left for (the) entire day Tomorrow perhaps

около этого только времени будут."
about this only time (they) will be

"Вот тебе на!" сказал генерал. "Как же это? .."
Here you on said (the) General How ever this

"Признаюсь, это штука," сказал полковник, смеясь.
(I) admit this (a) piece said (the) Colonel laughing
(is) (joke)

"Да нет, как же этак делать?" продолжал генерал с
Well not how ever such to do continued (the) General with
(a thing)

неудовольствием.
displeasure

"Фить... Черт... Ну, не можешь принять, зачем
Fiit Devil Well not (you) can understand why
(Whistle)

напрашиваться?"
to be asked
(invited)

"Я, ваше превосходительство, не понимаю, как можно
I your excellency not understand how (it is) possible

это делать," сказал один молодой офицер.
this to do said one young officer

"Что?" сказал генерал, имевший обыкновение всегда
What said (the) General having (the) habit always

произносить эту вопросительную частицу, когда говорил с
to pronounce this interrogative particle when (he) spoke with

обер-офицером.
head officer

"Я говорил, ваше превосходительство: как можно
I said your excellency how (is it) possible

поступать таким образом?"
to act (in) such (a) manner

"Натурально... Ну, не случилось, что ли, - дай знать, по
Indeed Well not happened some whatever give to know on
(us) (in)

крайней мере, или не проси."
any measure or not request
(case) (us here)

"Что ж, ваше превосходительство, нечего делать,
That indeed your excellency nothing to do

поедемте назад!" сказал полковник.
let's go back said (the) Colonel

"Разумеется, другого средства нет. Впрочем, коляску мы
Of course other means not However (the) carriage we

можем посмотреть и без него. Он, верно, ее не взял
can to look also without him He probably it not took

с собою. Эй, кто там, подойди, братец, сюда!"
with himself Eh who there approach brother (come) here

"Чего изволите?"
What (do you) deign (wish)

"Ты конюх?"
You groom

"Конюх, ваше превосходительство."
Groom your excellency

"Покажи-ка нам новую коляску, которую недавно достал
Show please to us new carriage which recently was acquired

барин."
(the) nobleman

"А вот пожалуйте в сарай!"
But here please in (the) shed

Генерал отправился вместе с офицерами в сарай.
(The) General left together with (the) officers in (the) shed

"Вот извольте, я ее немного выкачу, здесь темненько."
Here deign I her a little roll out here (it's a) bit dark
(if you allow me)

"Довольно, довольно, хорошо!" Генерал и офицеры
(That's) ok (that's) ok (it is) good (The) General and (the) officers

обошли вокруг коляску и тщательно осмотрели колеса и
went around all around (the) carriage and thoroughly (they) looked over (the) wheels and

рессоры.
(the) springs

"Ну, ничего нет особенного," сказал генерал, "коляска
Well nothing not (very) special said (the) General (the) carriage

самая обыкновенная."
very usual

"Самая неказистая," сказал полковник, "совершенно нет
Very plain said (the) Colonel completely not

ничего хорошего."
nothing good
(anything)

"Мне кажется, ваше превосходительство, она совсем не
To me (it) seems your excellency it entirely not

стоит четырех тысяч," сказал один из молодых офицеров.
costs four thousand said one of (the) young officers

"Что?"
What

"Я говорю, ваше превосходительство, что, мне кажется,
I say your excellency that to me (it) seems

она не стоит четырех тысяч."
it not costs four thousand

"Какое четырех тысяч! она и двух не стоит. Просто
What four thousand she also two not costs Simply
(it)

ничего нет. Разве внутри есть что-нибудь особенное...
nothing not Perhaps inside (there) is something special
(anything)

Пожалуйста, любезный, отстегни кожу..."
(If you) please friend unfasten (the) leather

И глазам офицеров предстал Чертокуцкий, сидящий в
And (to the) eyes (of the) officers appeared Chertokutskiy sitting in

халате и согнувшийся необыкновенным образом.
dressing gown and bent (in an) unusual way

"А,   вы   здесь! .."   сказал   изумившийся   генерал.
But   you   (are) here   said   amazed   (the) General

Сказавши   это,   генерал   тут   же   захлопнул   дверцы,
After saying   this   (the) General here   indeed slammed shut   (the) door

закрыл   опять   Чертокуцкого   фартуком   и   уехал   вместе   с
covered   again   Chertokutskogo   (with the) leather curtain and left together with

господами   офицерами.
(the) gentlemen   officers

Чехов   А.П.
Chekhov

ДАМА   С   СОБАЧКОЙ
(THE) LADY WITH(THE) LITTLE DOG

I
I

Говорили,	что	на	набережной	появилось	новое	лицо:
(They) said	that	on	(the) embankment	appeared	(a) new	face

дама	с	собачкой.	Дмитрий	Дмитрич	Гуров,	проживший	в
(a) lady	with	(a) little dog	Dmitriy	Dmitrich	Gurov	resided	in

Ялте	уже	две	недели	и	привыкший	тут,	тоже	стал
Yalta	already	two	weeks	and	accustomed	here	also	became

интересоваться	новыми	лицами.	Сидя	в	павильоне	у
interested	(in) new	faces	Sitting	in	(the) pavilion	at

Верне,	он	видел,	как	по	набережной	прошла	молодая
Verne	he	saw	how	on	(the) embankment	passed	(a) young

дама,	невысокого	роста	блондинка,	в	берете;	за	нею
lady	small	build	blond	in (with)	(a) beret	behind	her

бежал	белый	шпиц.	И	потом	он	встречал	ее	в
ran	(a) white	spitz dog (small white furry dog)	And	then	he	met	her	in

городском саду	и	на	сквере,	по	нескольку	раз	в	день.
urban gardens (park)	and	on	(the) square	on	several	times	in (a)	day

Она гуляла одна, все в том же берете, с белым
She went for a walk alone always in that same beret with (the) white
(with)

шпицем; никто не знал, кто она, и называли ее
spitz nobody not knew who she also called her
(small white dog) (was)

просто так: дама с собачкой.
simply thus (the) lady with (the) little dog

"Если она здесь без мужа и без знакомых," соображал
If she here without husband and without acquaintances considered

Гуров, "то было бы не лишнее познакомиться с ней."
Gurov that (it) was to be not (an) excess (to be) introduced with her

Ему не было еще сорока, но у него была уже дочь
To him not was yet forty but of him (there) was already (a) daughter

двенадцати лет и два сына гимназиста.
(of) twelve years and two sons gymnasiasts

Его женили рано, когда он был еще студентом второго
Him (they) married early when he was still student second

курса, и теперь жена казалась в полтора раза старше
course and now (the) wife seemed (in) one-and-a-half times older
(year)

его.
(than) him

Это была женщина высокая, с темными бровями,
That was (a) woman tall with dark eyebrows
(it)

прямая, важная, солидная и, как она сама себя
straightforward serious stable and how she herself

называла, мыслящая. Она много читала, не писала в
called thinking She much read not wrote in

письмахъ, называла мужа не Дмитрием, а Димитрием,
letters called (the) husband not Dmitriy but Dimitry

а он втайне считал ее недалекой, узкой, неизящной,
and he secretly counted her narrow minded restricted inelegant

боялся ее и не любил бывать дома.
feared her and not loved to be at home

Изменять ей он начал уже давно, изменял часто и,
To deceive her he began already long ago (he) deceived frequently and

вероятно, поэтому о женщинах отзывался почти всегда
probably because of that about women (he) talked almost always

дурно, и когда в его присутствии говорили о них, то
bad and when in his presence (they) talked about them then

он называл их так:
he called them thus

"Низшая раса!"
Lowest race

Ему — To him
казалось, — (it) seemed
что — that
он — he
достаточно — sufficiently
научен — (was) taught
горьким — (by) bitter

опытом, — experience
чтобы — in order to
называть — call
их — them
как — as
угодно, — convenient
но — but
все — all (in all)
же — still

без — without
"низшей" — (the) lowest
расы" — race
он — he
не — not
мог — can
бы — be
прожить — to live (living)
и — also (even)
двух — two

дней. — days
В — In
обществе — company
мужчин — (of) men
ему — (to) him
было — (it) was
скучно, — boring
не — not
по — (on)

себе, — himself
с — with
ними — them
он — he
был — was
неразговорчив, — taciturn
холоден, — cold
но — but
когда — when

находился — (he) found himself
среди — among
женщин, — women
то — than
чувствовал — (he) felt
себя — himself
свободно — free

и — and
знал, — (he) knew
о чем — about what
говорить — to talk
с — with
ними — them
и — and
как — how
держать — to behave
себя; — himself

и — and
даже — even
молчать — to keep silent
с — with
ними — them
ему — to him
было — was
легко. — easy
В — In
его — his

наружности, — appearance
в — in
характере, — character
во — in
всей — entire
его — his
натуре — nature
было — (there) was

что-то — something
привлекательное, — attractive
неуловимое, — elusive
что — that
располагало — commanded
к — to

нему — him
женщин, — (the) women
манило — attracted
их; — them
он — he
знал — knew
об — about
этом, — this
и — and
самого — similarly

его — him
тоже — also
какая-то — some
сила — force
влекла — drew
к — to
ним. — them

Опыт многократный, в самом деле горький опыт, научил
Experience repeated in very fact bitter experience taught
(this)

его давно, что всякое сближение, которое вначале так
him long ago that every rapprochement which at first thus

приятно разнообразит жизнь и представляется милым и
pleasant diversifies life and represented sweet and

легким приключением, у порядочных людей, особенно у
light adventures with decent people especially with

москвичей, тяжелых на подъем, нерешительных,
(the) Muscovites heavy to rouse irresolute
(slow)

неизбежно вырастает в целую задачу, сложную
unavoidably grows in (a) whole problem complex
(task)

чрезвычайно, и положение в конце концов становится
extreme and (the) situation in (the) end of ends becomes

тягостным. Но при всякой новой встрече с интересною
painful But with every new encounter with (an) interesting

женщиной, этот опыт как-то ускользал из памяти, и
woman this experience somehow slipped out from (the) memory and

хотелось жить, и все казалось так просто и забавно.
(he) wanted to live, and everything seemed so simple and amusing

И вот однажды, под вечер, он обедал в саду, а
And here once under evening he dined in (the) garden and
(in) (park)

дама в берете подходила не спеша, чтобы занять
(the) lady in (the) beret approached not in a hurry in order to engage
(with) (take)

соседний стол.
(the) adjacent table

Ее выражение, походка, платье, прическа говорили ему,
Her expression gait dress hair-do told him

что она из порядочного общества, замужем, в Ялте в
that she from decent (high) society married in Yalta in (for)

первый раз и одна, что ей скучно здесь... В
(the) first time and alone that to her it is boring here In

рассказах о нечистоте местных нравов много неправды,
stories about (the) impurity (of) local mores is much untruth

он презирал их и знал, что такие рассказы в
he despised them and knew that such stories in

большинстве сочиняются людьми, которые сами бы
(the) majority are written (by) people which themselves would

охотно грешили, если б умели; но когда дама села
willingly sin if would (they) knew how but when (the) lady sat

за соседний стол в трех шагах от него, ему
at (the) adjacent table (in) three steps from him to him

вспомнились эти рассказы о легких победах, о поездках
were recalled these stories about easy victories about trips

в горы, и соблазнительная мысль о скорой, мимолетной
into (the) mountains and tempting thoughts about fast fleeting

связи, о романе с неизвестною женщиной, которой не
connections about romances with unknown women by who not

знаешь по имени и фамилии, вдруг овладела им.
(you) know on (the) name and (the) surname suddenly mastered (overcame) by them

Он ласково поманил к себе шпица и, когда тот
He affectionately beckoned to himself (the) spitz and when it
(little white furry dog)

подошел, погрозил ему пальцем. Шпиц заворчал. Гуров
approached threatened it with The spitz dog growled Gurov
(warned) (the) finger

опять погрозил.
again threatened
(warned)

Дама взглянула на него и тотчас же опустила глаза.
(The) Lady glanced at him and immediately again lowered (the) eyes

"Он не кусается," сказала она и покраснела.
He not bites said she and .reddened

"Можно дать ему кость?" и когда она утвердительно
Is it possible give to it (a) bone and when she affirmatively
(may I) (him)

кивнула головой, он спросил приветливо: "Вы давно
nodded (with the) head he asked affable You long ago

изволили приехать в Ялту?"
deigned to arrive in Yalta

"Дней пять."
Days five
(Five days ago)

"А   я   уже   дотягиваю   здесь   вторую   неделю."
But   I   already   will suffice   here   (a) second   week
              (still)

Помолчали   немного.
(They) kept silent   a little
                     (while)

"Время   идет   быстро,   а   между   тем   здесь   такая   скука!"
Time   goes   rapidly   and   between   that   here   such   boredom

сказала   она,   не   глядя   на   него.
said   she   not   looking   to   him

"Это   только   принято   говорить,   что   здесь   скучно.
This   only   accepted   to say   that   here   it is boring
                   (the acceptable thing)

Обыватель   живет   у   себя   где-нибудь   в   Белеве   или
(The) average man   lives   (of)   himself   somewhere   in   Belyev   or

Жиздре   -   и   ему   не   скучно,   а   приедет   сюда: Ах,
Zhizdrye   and   to him   not   it is boring   and   (he) will arrive   here   Ah

скучно!   ах,   пыль!   Подумаешь,   что   он   из   Гренады
it is boring   ah   dust   (You will) think   that   he   from   Grenada
                    (stuffy)

приехал."
arrived

Она засмеялась.
She burst out laughing

Потом оба продолжали есть молча, как незнакомые; но
Then both continued to eat silently as strangers but

после обеда пошли рядом - и начался шутливый,
after (the) dinner (they) went on close and began witty

легкий разговор людей свободных, довольных, которым
light conversation (of) people free content by which

все равно, куда бы ни идти, о чем ни говорить.
everything is equal where (to be) not to go about what not to talk

Они гуляли и говорили о том, как странно освещено
They went for a walk and talked about that how strange is illuminated

море; вода была сиреневого цвета, такого мягкого и
(the) sea (the) water was lilac color so soft and

теплого, и по ней от луны шла золотая полоса.
warm and on onto it from (the) moon went golden ray
(came)

Говорили о том, как душно после жаркого дня.
(They) Talked about that how (it is) oppressive after (a) hot day

Гуров рассказал, что он москвич, по образованию
Gurov described that he (a) Muscovite on (by) education

филолог, но служит в банке; готовился когда-то петь в
(a) philologist but (he) serves in (a) bank prepared sometime to sing in
(works)

частной опере, но бросил, имеет в Москве два дома...
(a) private opera but (it) threw possessed in Moscow two houses

А от нее он узнал, что она выросла в Петербурге,
And from her he learned that she grew up in St . Petersburg

но вышла замуж в С ., где живет уже два года, что
but left to marry in where (she) lives already two years that

пробудет она в Ялте еще с месяц и за ней, быть
will stay she in Yalta still with (a) month and to her to be
(for)

может, приедет ее муж, которому тоже хочется
(he) can will arrive her husband who also wants

отдохнуть. Она никак не могла объяснить, где служит
to rest She in no way not could explain where serves
(works)

ее муж, - в губернском правлении или в губернской
her husband in provincial administration or in provincial

земской управе, и это ей самой было смешно. И
land board and this (to) her self was ridiculous And

узнал еще Гуров, что ее зовут Анной Сергеевной.
learned also Gurov that her (they) call Anna Sergeyevna

Потом у себя в номере он думал о ней, о том,
Afterwards by himself in (the hotel) room he thought about her about that

что завтра она, наверное, встретится с ним. Так
that tomorrow she surely will meet with him So

должно быть. Ложась спать, он вспомнил, что она
(it) must be (He) laid himself to sleep he recalled that she

еще так недавно была институткой, училась все равно
still so recently was student studied everything equally (the same)

как теперь его дочь, вспомнил, сколько еще
as now his daughter (he) recalled how much still

несмелости, угловатости было в ее смехе, в разговоре
shyness awkwardness (there) was in her laughter in the conversation

с незнакомым, - должно быть, это первый раз в жизни
with strangers must be this (the) first time in life

она была одна, в такой обстановке, когда за ней
she was alone in such (a) situation when after her

ходят и на нее смотрят, и говорят с ней только с
(they) went and to her (they) look and talk with her only with

одною тайною целью, о которой она не может не
one secret purpose about which she not can not

догадываться. Вспомнил он ее тонкую, слабую шею,
surmise Recalled he her slender tender neck

красивые серые глаза.
beautiful gray eyes

"Что-то   в   ней   есть   жалкое   все-таки",   - подумал   он   и
Something   in   her   is   pitiful   after all   thought   he   and
                              (somehow)

стал   засыпать.
began   to fall asleep

II
II

Прошла неделя после знакомства. Был праздничный
(There) passed (a) week after (the) acquaintance It was holiday

день. В комнатах было душно, а на улицах вихрем
day In (the) rooms (it) was oppressive and on (the) streets (the) wind

носилась пыль, срывало шляпы. Весь день хотелось
played with (the) dust tore away (the) hats Entire day (he) wanted

пить, и Гуров часто заходил в павильон и предлагал
to drink and Gurov frequently went in (the) pavilion and offered

Анне Сергеевне то воды с сиропом, то мороженого.
Anna Sergeyevna then water with syrup then ice cream

Некуда было деваться.
Nowhere (there) was to get to

Вечером, когда немного утихло, они пошли на мол,
In the evening when (a) little (it) quieted down they went on to (the) pier

чтобы посмотреть, как придет пароход. На пристани
in order to watch how arrives (the) steamship On (the) pier

было много гуляющих; собрались встречать кого-то,
was many strollers gathered to meet someone
(were)

держали букеты.
(they) held bouquets

И тут отчетливо бросались в глаза две особенности
And here distinctly rushed (came) in (the) eye two especially (to)

нарядной ялтинской толпы: пожилые дамы были одеты
well dressed from Yalta crowds elderly ladies were dressed

как молодые и было много генералов.
as young and (there) was many Generals (were)

По случаю волнения на море пароход пришел поздно,
By case (because of) (the) movement on (the) sea (the) steamship arrived late

когда уже село солнце, и, прежде чем пристать к
when already set (was setting) (the) sun and before that to moor to

молу, долго поворачивался. Анна Сергеевна смотрела
(the) pier for long turned (circled) around Anna Sergeyevna looked

в лорнетку на пароход и на пассажиров, как бы
in lorgnette (through a lorgnette) at (the) steamship and at (the) passengers as if

отыскивая знакомых, и когда обращалась к Гурову, то
searching out acquaintances and when (she) turned to Gurov then

глаза у нее блестели. Она много говорила, и вопросы
(the) eyes of her shone She much talked and questions

у нее были отрывисты, и она сама тотчас же
of her were explosive (sudden and short) and she herself immediately indeed

забывала, о чем спрашивала; потом потеряла в толпе
forgot about what (she had) asked then lost in (the) crowd

лорнетку.
(the) lorgnette (handheld glasses)

Нарядная толпа расходилась, уже не было видно лиц,
(The) well dressed / crowd / dispersed / already / not / (there) was / visible / (a) person

ветер стих совсем, а Гуров и Анна Сергеевна стояли,
(the) wind / died down / completely / but / Gurov / and / Anna / Sergeyevna / stood

точно ожидая, не сойдет ли еще кто с парохода.
as if / expecting / not / will descend / maybe / still / who (someone) / from / (the) steamship

Анна Сергеевна уже молчала и нюхала цветы, не
Anna / Sergeyevna / already / kept silent / and / smelled / (the) flowers / not

глядя на Гурова.
looking / to / Gurov

"Погода к вечеру стала получше," сказал он. "Куда же
Weather / to / (the) evening / became / rather better / said / he / Where / indeed

мы теперь пойдем? Не поехать ли нам куда-нибудь?"
we / now / (let us) go / Not / to go / perhaps / to us / somewhere

Она ничего не ответила. Тогда он пристально
She / nothing / not / answered / Then / he / fixedly

посмотрел на нее и вдруг обнял ее и поцеловал в
looked / at / her / and / suddenly / embraced / her / and / kissed / in (on)

губы, и его обдало запахом и влагой цветов, и
(the) lips / and / him / seized / (the) smell / and / (the) moisture / (of) flowers / and

тотчас же он пугливо огляделся: не видел ли кто?
immediately / (indeed) he / fearfully / looked around / not / (he) saw / maybe / who (someone)

"Пойдемте к вам...", проговорил он тихо.
Let's go to you spoke he quietly

И оба пошли быстро.
And both went on quickly

У нее в номере было душно, пахло духами, которые
With her in (the) room (it) was oppressive (it) smelled (of) perfumes which

она купила в японском магазине.
she purchased in (the) Japanese store

Гуров, глядя на нее теперь, думал: "Каких только не
Gurov looking at her now thought Whatever only (not)

бывает в жизни встреч!"
(there) occur in life (kind of) encounters

От прошлого у него сохранилось воспоминание о
From (the) past of him was preserved (the) recollection about

беззаботных, добродушных женщинах, веселых от любви,
lighthearted good-natured women happy from love

благодарных ему за счастье, хотя бы очень короткое;
grateful to him for (the) happiness although (it) would very short
(be)

и　о　таких, - как,　например,　его　жена, - которые　любили
and　about　such　as　for example　his　wife　who　loved

без　искренности,　с　излишними　разговорами,　манерно,　с
without　sincerity　with　superfluous　conversations　affected (fake)　with

истерией,　с　таким　выражением,　как　будто　то　была　не
hysteria　with　such　expressions　(how)　as if　that　was　not

любовь,　не　страсть,　а　что-то　более　значительное; и　о
love　not　passion　but　something　more　significant　and　about

таких　двух-трех,　очень　красивых,　холодных,　у　которых
such　two　three　very　beautiful　cold (ones)　with　who

вдруг　промелькало　на　лице　хищное　выражение,　упрямое
immediately　played　on　(the) face　(the) predatory　expression　(of the) obstinate

желание　взять,　выхватить　у　жизни　больше,　чем　она
desire　to take　to snatch out　from　life　more　than　it

может　дать,　и　это　были　не　первой　молодости,
can　give　and　this　were　not　(the) first　youthful

капризные,　не　рассуждающие,　властные,　не　умные
capriciousnesses　not　discussing　imperious　not　clever

женщины,　и　когда　Гуров　охладевал　к　ним,　то　красота
women　and　when　Gurov　grew cold　to　them　then　(the) beauty

их　возбуждала　в　нем　ненависть,　и　кружева　на　их
(of) them　excited　in　him　hatred　and　(the) lace　on　their

белье　казались　тогда　похожими　на　чешую.
linen　seemed　then　similar　to　scales

Но тут все та же несмелость, угловатость неопытной
But here everything that very shyness awkwardness inexperienced

молодости, неловкое чувство; и было впечатление
youth awkward feeling and (there) was (the) impression (sense)

растерянности, как будто кто вдруг постучал в дверь.
(of) confusion (consternation) as if who (someone) suddenly knocked in (on) (the) door

Анна Сергеевна, эта "дама с собачкой", к тому, что
Anna Sergeyevna this lady with (the) little dog to that what

произошло, отнеслась как-то особенно, очень серьезно,
occurred (she) behaved somehow especially very serious

точно к своему падению, - так казалось, и это было
as if to her fall thus it seemed and this was

странно и некстати.
strange and inappropriate

У нее опустились, завяли черты и по сторонам лица
With her (of) dropped faded (the) features (face) and on (the) sides (of the) face

печально висели длинные волосы, она задумалась в
sadly hung long hair she thought in

унылой позе, точно грешница на старинной картине.
sadness (the) pose exactly as (a) sinner on (an) ancient painting

"Нехорошо," сказала она. "Вы же первый меня
It is bad / said / she / You / (indeed) / (will be the) first / me

неуважаете теперь."
to disrespect / now

На столе в номере был арбуз. Гуров отрезал себе
On / (the) table / in / (the) room / (there) was / (a) watermelon / Gurov / cut off / (for) himself

ломоть и стал есть не спеша.
(a) chunk / and / started / to eat / not / in a hurry

Прошло по крайней мере полчаса в молчании.
(There) passed / at least / half an hour / in / silence

Анна Сергеевна была трогательна, от нее веяло
Anna / Sergeyevna / was / touching / from / her / wafted (came a wave)

чистотой порядочной, наивной, мало жившей женщины;
(of) cleanliness / (of) decency / naivety / (of) little / (having) lived / woman

одинокая свеча, горевшая на столе, едва освещала ее
(a) solitary / candle / burned / on / (the) table / hardly / illuminated / her

лицо, но было видно, что у нее нехорошо на душе.
face / but / (it) was / evident / that / with her / (it was) bad / to / (the) spirit

"Отчего бы я мог перестать уважать тебя?" спросил
Why / would / I / could (possibly) / cease / to respect / you / asked

Гуров. "Ты сама не знаешь, что говоришь."
Gurov / You / yourself / not / know / what / (you) say

"Пусть бог меня простит!" сказала она, и глаза у нее
Let / god / me / forgive / said / she / and / (the) eyes / of / her

наполнились слезами. "Это ужасно."
were filled / (with) tears / This / (is) terrible

"Ты точно оправдываешься."
You / truly / (are) justified

"Чем мне оправдаться? Я дурная, низкая женщина, я
What / to me / (there is) to justify / I / (am a) bad / low / woman / I

себя презираю и об оправдании не думаю. Я не
myself / despise / and / about / (the) justification / not / (I) think / I / not

мужа обманула, а самое себя. И не сейчас только, а
husband / deceived / but / myself / And / not / now / just / but

уже давно обманываю."
already / long ago / (I) deceive

"Мой муж, быть может, честный, хороший человек, но
My   husband   be   may   (a) honest   good   man   but

ведь он лакей! Я не знаю, что он делает там, как
indeed   he   (a) lackey   I   not   know   what   he   does   there   how
(nobody)

служит, я знаю только, что он лакей. Мне, когда я
(he) serves   I   know   only   that   he   (a) lackey   To me   when   I
(works)

вышла за него, было двадцать лет, меня томило
left   for   him   (I) was   twenty   years   me   bothered

любопытство, мне хотелось чего-нибудь получше; ведь
(the) curiosity   to me   (it was) wanted   something   rather better   See

есть же, - говорила я себе, - другая жизнь. Хотелось
there is   indeed   said   I   myself   another   life   (I) wanted

пожить! Пожить и пожить... Любопытство меня жгло...
to live   To live   and   to live   Curiosity   me   burned

вы этого не понимаете, но, клянусь богом, я уже не
you   this   not   (you) understand   but   (I) swear   (by) god   I   already   not

могла владеть собой, со мной что-то делалось, меня
could   manage   myself   with   me   something   was done   me

нельзя было удержать, я сказала мужу, что больна, и
impossible   (it) was   to hold   I   told   (the) husband   that   (I was) sick   and

поехала сюда... И здесь все ходила, как в угаре, как
(I) went   here   And   here   all   walked   as   in   trance   as
(the time)

безумная..."
mindless

"и вот я стала пошлой, дрянной женщиной, которую
and here I became (a) vulgar worthless woman who

всякий может презирать."
everyone can despise

Гурову было уже скучно слушать, его раздражал
Gurov (it) was already boring to listen to him irritated
(it)

наивный тон, это покаяние, такое неожиданное и
(the) naive tone (of) this repentance so unexpected and

неуместное; если бы не слезы на глазах, то можно
inopportune if would no tears in (the) eyes then possible
(there were)

было бы подумать, что она шутит или играет роль.
was would to think that she jokes or plays (a) role
(would) (be)

"Я не понимаю," сказал он тихо, "что же ты
I not understand said he quietly what (indeed) you

хочешь?"
want

Она спрятала голову у него на груди и прижалась к
She hid (the) head with him on (the) breast and (it) pressed to

нему.
him

"Верьте, верьте мне, умоляю вас...", говорила она. "Я
Believe believe me I beg you said she I

люблю честную, чистую жизнь, а грех мне гадок, я
love (a) honest pure life and sin to me (is) repugnant I

сама не знаю, что делаю. Простые люди говорят:
myself not know what (I) do Simple people say

нечистый попутал. И я могу теперь про себя сказать,
(the) unclean (has) deceived And I can now about myself say
(the devil)

что меня попутал нечистый."
that me deceived unclean

"Полно, полно...", бормотал он.
Enough enough muttered he

Он смотрел ей в неподвижные, испуганные глаза,
He looked (at) her in (the) unmoving frightened eyes

целовал ее, говорил тихо и ласково, и она понемногу
kissed her talked calmly and affectionately and she gradually

успокоилась, и веселость вернулась к ней; стали оба
calmed down and (the) gaiety returned to her (they) began both

смеяться.
to laugh

Потом, когда они вышли, на набережной не было ни
Then when they left to (the) embankment not (there) was not

души, город со своими кипарисами имел совсем
(a) soul (the) city with its cypresses (it) had (offered) (an) entirely

мертвый вид, но море еще шумело и билось о
dead sight but (the) sea still made noise and was beaten over

берег; один баркас качался на волнах, и на нем
(the) coast one longboat rocked on (the) waves and on it

сонно мерцал фонарик.
sleepily twinkled (a) lantern

Нашли извозчика и поехали в Ореанду.
(They) found (a) coachman and went to (the) Oreanda

"Я сейчас внизу в передней узнал твою фамилию: на
I (just) now downstairs in (the) hall learned your surname on

доске написано фон Дидериц," сказал Гуров. "Твой муж
(the) board (was) written Von Diderits said Gurov Your husband

немец?"
(a) German

"Нет, у него, кажется, дед был немец, но сам он
No of him (it) seems grandfather was (his grandfather) German but himself he

православный."
(Russian) orthodox

В Ореанде сидели на скамье, недалеко от церкви,
In (the) Oreande (they) sat on (the) bench not far from (the) church

смотрели вниз на море и молчали.
(they) looked downward to (the) sea and kept silent

Ялта была едва видна сквозь утренний туман, на
Yalta was just visible through (the) morning fog on

вершинах гор неподвижно стояли белые облака. Листва
(the) tops mountains motionless stood white clouds (The) foliage
(of the mountains)

не шевелилась на деревьях, кричали цикады и
not stirred in (the) trees chirped (the) crickets and

однообразный, глухой шум моря, доносившийся снизу,
monotonous muffled sound (of the) sea carried up from below

говорил о покое, о вечном сне, какой ожидает нас.
told about rest about eternal sleep that awaits us

Так шумело внизу, когда еще тут не было ни Ялты,
Thus (it) sounded (from) below when still here not (it) was neither Yalta

ни Ореанды, теперь шумит и будет шуметь так же
nor Oreanda now (it) sounds and will be to sound thus as
(sounding) (this way)

равнодушно и глухо, когда нас не будет.
indifferently and indistinct when us not (there) will be
(monotonously)

И в этом постоянстве, в полном равнодушии к жизни
And in this constancy, in complete indifference to (the) life

и смерти каждого из нас кроется, быть может, залог
and death (of) each of us lies (it) be possible guarantee

нашего вечного спасения, непрерывного движения жизни
(of) our eternal salvation continuous motion (of) life

на земле, непрерывного совершенства. Сидя рядом с
on earth continuous perfection Sitting next to

молодой женщиной, которая на рассвете казалась такой
(the) young woman which at dawn seemed so

красивой, успокоенный и очарованный в виду этой
beautiful soothed and charmed in view (of) this
(sweetly calmed) (enthralled)

сказочной обстановки - моря, гор, облаков, широкого
fairytale surroundings (the) sea (the) mountains (the) clouds (the) wide

неба, Гуров думал о том, как, в сущности, если
sky Gurov thought about that how in essence if

вдуматься, все прекрасно на этом свете, все, кроме
considering everything (is) wonderful in this world everything besides

того, что мы сами мыслим и делаем, когда забываем
that what we ourselves think and do when (we) forget

о высших целях бытия, о своем человеческом
about (the) highest purposes (of) existence about our human

достоинстве.
merits

Подошел   какой-то   человек   -   должно   быть,
(There) approached   some   man   must   be

сторож, - посмотрел   на   них   и   ушел.
(the) watchman looked   at   them   and left

И   эта   подробность   показалась   такой   таинственной   и
And this   detail   seemed   so   mysterious   and

тоже   красивой.
also   beautiful

Видно   было,   как   пришел   пароход   из   Феодосии,
Visible   was   how   arrived   (the) steamship from   Theodosius

освещенный   утренней   зарей,   уже   без   огней.
illuminated   (by the) morning   dawn   already without lights

"Роса   на   траве,"   сказала   Анна   Сергеевна   после
(There is) dew on   (the)grass   said   Anna   Sergeyevna   after

молчания.
(the) silence

"Да.   Пора   домой."
Yes   Time   (to go) home

Они   вернулись   в   город.
They   returned   in   (the) city
                        (to)

Потом каждый полдень они встречались на набережной,
Then each noon they met eachother on (the) embankment

завтракали вместе, обедали, гуляли, восхищались морем.
(they) breakfasted together (they) had dinner (they) went for a walk (they) admired (the) sea

Она жаловалась, что дурно спит и что у нее
She complained that bad (she) sleeps and that of her

тревожно бьется сердце, задавала все одни и те же
anxiously beats (the) heart (she) put forward all one and that same
(the time) (the)

вопросы, волнуемая то ревностью, то страхом, что он
questions worried then (by) jealousy then (by) fear that he

недостаточно ее уважает. И часто на сквере в саду,
insufficiently her respects And frequently on (the) square in (the) garden

когда вблизи их никого не было, он вдруг привлекал
when near them no one not was he suddenly drew

ее к себе и целовал страстно. Совершенная
her to himself and kissed passionately Perfect

праздность, эти поцелуи среди белого дня, с оглядкой
leisure these kisses among white days with caution

и страхом, как бы кто не увидел, жара, запах моря
and fear as wouldst someone not have seen (the) heat (the) smell (of the) sea

и постоянное мелькание перед глазами праздных,
and (the) constant flashing before (the) eyes (the) idle

нарядных, сытых людей точно переродили его:
well dressed satisfied people as if (they) regenerated him

он говорил Анне Сергеевне о том, как она хороша,
he said Anna Sergeyevna about that how she good

как соблазнительна, был нетерпеливо страстен, не
as tempting (he) was impatient passionate not

отходил от нее ни на шаг, а она часто задумывалась
moved away from her not for (a) step and she frequently was pensive

и все просила его сознаться, что он ее не уважает,
and all requested him to confess that he her not respects
(the time)

нисколько не любит, а только видит в ней пошлую
not at all not loves and only sees in her (a) vulgar

женщину. Почти каждый вечер попозже они уезжали
woman Almost each evening later they left

куда-нибудь за город, в Ореанду или на водопад; и
somewhere to outside (the) city in (the) Oreanda or to (the) waterfall and

прогулка удавалась, впечатления неизменно всякий раз
(the) walks gave out (the) impression invariably every time

были прекрасны, величавы. Ждали, что приедет муж.
were excellent worthy (They) awaited that will arrive (the) man
(husband)

Но пришло от него письмо, в котором он извещал,
But arrived from him (a) letter in which he notified

что у него разболелись глаза, и умолял жену поскорее
that of him ached (the) eyes and entreated (the) wife faster
(earlier)

вернуться домой.
to return home

Анна Сергеевна заторопилась.
Anna / Sergeyevna / started to make haste

"Это хорошо, что я уезжаю," говорила **она Гурову. "Это**
This / (is) good / that / I / leave / said / she / (to) Gurov / This

сама судьба."
itself / fate

Она поехала на лошадях, и он провожал ее. Ехали
She / went / on / horses / and / he / accompanied / her / (They) went

целый день. Когда она садилась в вагон курьерского
(the) whole / day / When / she / sat down / in / (the) railroad car / (of the) express

поезда и когда пробил второй звонок, она говорила:
train / and / when / sounded / (the) second / bell / she / said

"Дайте я погляжу на вас еще... Погляжу еще раз.
Give / I / will look / at / you / another / (I) will see / another / time
(Let's hope) / / / / / (time) / (you)

Вот так."
Here / so

Она не плакала, но была грустна, точно больна, и
She / not / cried / but / was / sad / as if / sick / and

лицо у нее дрожало.
(the) face / of / her / trembled

"Я буду о вас думать... вспоминать," говорила она.
I will be about you to think to remember said she
(thinking) (remembering)

"Господь с вами, оставайтесь. Не поминайте лихом. Мы
(the) Lord with you stays Not mention evil We

навсегда прощаемся, это так нужно, потому что не
forever say goodbye this thus it is necessary therefore that not

следовало бы вовсе встречаться. Ну, господь с вами."
followed would at all to meet eachother Well (the) Lord with you
(again)

Поезд ушел быстро, его огни скоро исчезли, и через
(The) Train left rapidly its lights soon disappeared and after

минуту уже не было слышно шума, точно все
(a) minute already not was audible (the) noise as if everything

сговорилось нарочно, чтобы прекратить поскорее это
(was) arranged for on purpose in order to end (it) faster this

сладкое забытье, это безумие.
sweet oblivion this folly

И, оставшись один на платформе и глядя в темную
And after remaining alone on (the) platform and looking in (the) dark

даль, Гуров слушал крик кузнечиков и гудение
depths Gurov listened to (the) chirping (of the) grasshoppers and (the) buzzing

телеграфных проволок с таким чувством, как будто
(of the) telegraph wires with (such) (a) feeling as if (he) would

только что проснулся.
just woke up
(have woken up)

И он думал о том, что вот в его жизни было
And he thought about that that here in his life (there) was

еще одно похождение или приключение, и оно тоже уже
another affair or adventure and it also already

кончилось, и осталось теперь воспоминание...
(had) ended and (there) remained now (the) memory

Он был растроган, грустен и испытывал легкое
He was moved sad and experienced slight

раскаяние; ведь эта молодая женщина, с которой он
sorrow indeed this young woman with who he

больше уже никогда не увидится, не была с ним
more already never not will be seen not was with them
(together)

счастлива;
happy

он был приветлив с ней и сердечен, но все же в
he was friendly with her and heartfelt but all in all still in

обращении с ней, в его тоне и ласках сквозила
(the) attention to her in his tone and kindness penetrated

тенью легкая насмешка, грубоватое высокомерие
(the) shadow (of) light mockery rather rude condescension

счастливого мужчины, который к тому же почти вдвое
(of a) happy man which to that indeed almost twice

старше ее. Все время она называла его добрым,
older than her Every time she called him good

необыкновенным, возвышенным; очевидно, он казался ей
unusual elevated obviously he seemed to her

не тем, чем был на самом деле, значит невольно
not that what (he) was at (the) very matter (it) means involuntarily

обманывал ее... Здесь на станции уже пахло осенью,
deceived her Here on (the) station already (it) smelled (of) autumn

вечер был прохладный.
(the) evening was cool

"Пора и мне на север," думал Гуров, уходя с
Time also (for) me to (go) north thought Gurov departing from

платформы. "Пора!"
(the) platform Time

III

III

Дома в Москве уже все было по-зимнему, топили печи
(At) home in Moscow already all was in winter routine (they) heated (the) furnace

и по утрам, когда дети собирались в гимназию и
and on (the) mornings when (the) children were gathered in secondary school and

пили чай, было темно, и няня ненадолго зажигала
drank tea (it) was dark and (the) nurse temporarily lighted

огонь. Уже начались морозы. Когда идет первый снег,
(the) fire Already began (the) frost When goes (falls) (the) first snow

в первый день езды на санях, приятно видеть белую
in (for) (the) first day (the) rides on (the) sleighs it is pleasant to see (the) white

землю, белые крыши, дышится мягко, славно, и в это
ground (the) white roofs to breathe soft delicious and in this (during)

время вспоминаются юные годы. У старых лип и
time are recalled young (younger) years With (the) old limes and

берез, белых от инея, добродушное выражение, они
birches white from (the) hoarfrost (with a) good-natured expression they

ближе к сердцу, чем кипарисы и пальмы, и вблизи
(are) nearer to (the) heart than (the) cypresses and (the) palm and near

них уже не хочется думать о горах и море.
them already not (one) wants to think about mountains and sea

Гуров был москвич, вернулся он в Москву в хороший,
Gurov was (a) Muscovite returned he in Moscow in (a) good
(on)

морозный день, и когда надел шубу и теплые
frosty day and when (he) put on fur and warm

перчатки и прошелся по Петровке и когда в субботу
gloves and passed by on Petrovke and when on Saturday

вечером услышал звон колоколов, то недавняя поездка
(in the) evening heard (the) ringing (of the) bells then (the) recent trip

и места, в которых он был, утеряли для него все
and (the) place in which he was lost for him all
(had been)

очарование. Мало-помалу он окунулся в московскую
charm Little (by) little he dipped in (the) Moscow

жизнь, уже с жадностью прочитывал по три газеты в
life already with eagerness read (on) three newspapers in

день и говорил, что не читает московских газет из
(a) day and said that not (he) reads Moscow newspapers on

принципа. Его уже тянуло в рестораны, клубы,
principle Him already pulled in (the) restaurants (the) clubs

на званые обеды, юбилеи, и уже ему было лестно, что
dinner-parties anniversaries and already to him (it) was flattering that

у него бывают известные адвокаты и артисты и что
with him were known attorneys and artists and that
(visited)

в Докторском клубе он играет в карты с профессором.
in Doctor's club he plays (in) cards with professors

Уже он мог съесть целую порцию селянки на
Already he could eat (a) whole portion selyanki in
(salt fish and cabbage)

сковороде...
(the) frying pan

Пройдет какой-нибудь месяц, и Анна Сергеевна,
(There) will pass about (a) month and Anna Sergeyevna

казалось ему, покроется в памяти туманом и только
seemed to him to be covered in (the) memory (by) fog and only

изредка будет сниться с трогательной улыбкой, как
rarely (he) will be to dream with touching smile as
(dreaming)

снились другие.
(he) dreamed (of the) others

Но прошло больше месяца, наступила глубокая зима, а
But passed more (than a) month began deep winter and

в памяти все было ясно, точно расстался он с
in (the) memory everything was clear as if parted he with

Анной Сергеевной только вчера.
Anna Sergeyevna only yesterday

И воспоминания разгорались все сильнее.
And (the) memory burnt all stronger
(the while)

Доносились **ли** **в** **вечерней** **тишине** **в** **его** **кабинет**
(They) reached | whether | in | evening | silence | in | his | office
(him)

голоса **детей,** **приготовлявших** **уроки,** **слышал** **ли** **он**
(with the) voices | (of the) children | preparing | lessons | heard | whether | he

романс, **или** **орган** **в** **ресторане,** **или** **завывала** **в**
(a) romance | or | (the) organ | in | (the) restaurant | or | howled | in
(song)

камине **метель,** **как** **вдруг** **воскресало** **в** **памяти** **все:** **и**
(the) fireplace | (a) snow-storm | as | suddenly | rose again | in | (his) memory | all | and

то, **что** **было** **на** **молу,** **и** **раннее** **утро** **с** **туманом** **на**
that, | what | was | on | (the) pier | and | earlier | morning | with | (the) fog | on
(happened) | | | | | | (in the morning)

горах, **и** **пароход** **из** **Феодосии,** **и** **поцелуи.**
(the) mountains | and | (the) steamship | from | Theodosius | and | (the) kisses

Он **долго** **ходил** **по** **комнате,** **и** **вспоминал,** **и** **улыбался,**
He | for long | walked | about | (the) room | and | recalled | and | smiled

и **потом** **воспоминания** **переходили** **в** **мечты,** **и**
and | then | (the) memories | passed over | into | dreams | and

прошедшее **в** **воображении** **мешалось** **с** **тем,** **что** **будет.**
(the) past | in | (his) imagination | mingled | with | that | what | will be
(would be)

Анна **Сергеевна** **не** **снилась** **ему,** **а** **шла** **за** **ним**
(Of) Anna | Sergeyevna | not | was dreamed | (by) him | but | (she) went | for | him

всюду, **как** **тень,** **и** **следила** **за** **ним.**
everywhere | as | (a) shadow | and | followed | after | him

Закрывши   глаза,   он   видел   ее,   как   живую,   и   она
After shutting   (the) eyes   he   saw   her   as if   alive   and   she

казалась   красивее,   моложе,   нежнее,   чем   была;   и   сам
seemed   more beautiful   younger   more tender   than   (she) was   and   himself

он   казался   себе   лучше,   чем   был   тогда,   в   Ялте.   Она
he   seemed   to himself   better   than   (he) was   then   in   Yalta   She

по   вечерам   глядела   на   него   из   книжного   шкафа,   из
on   (the) evenings   looked   at   him   from   (the) book   cabinet   from
(in)

камина,   из   угла,   он   слышал   ее   дыхание,   ласковый
(the) fireplace   from   (the) corners   he   heard   her   breathing   sweet

шорох   ее   одежды.   На   улице   он   провожал   взглядом
(the) rustle   (of) her   dresses   On   (the) street   he   kept in   view

женщин,   искал,   нет   ли   похожей   на   нее...
(the) women   searched   not   whether   similar   to   her

И   уже   томило   сильное   желание   поделиться   с
And   already   brewed   (a) strong   desire   to share   with

кем-нибудь   своими   воспоминаниями.   Но   дома   нельзя
someone   his   memories.   But   (at) home   impossible

было   говорить   о   своей   любви,   а   вне   дома   -   не   с
(it) was   to talk   about   his   love   and   outside   (the) house   not   with

кем.   Не   с   жильцами   же   и   не   в   банке.
anyone   Not   with   (the) tenants   indeed   and   not   in   (the) bank

И о чем говорить? Разве он любил тогда?
And about what to talk Perhaps he (had) loved then

Разве было что-нибудь красивое, поэтическое, или
Perhaps (there) was something beautiful poetic or

поучительное, или просто интересное в его отношениях
edifying or simply interesting in his relations
(morally instructing) (affair)

к Анне Сергеевне?
to Anna Sergeyevna
(with)

И приходилось говорить неопределенно о любви, о
And (he) came to talk vaguely about love about

женщинах, и никто не догадывался, в чем дело, и
women and no one not surmised in what matter and
(mattered)

только жена шевелила своими темными бровями и
only (his) wife raised her dark eyebrows and

говорила:
said

"Тебе, Димитрий, совсем не идет роль фата."
To you Dimitry entirely not goes (the) role (of the) dandy
(fits)

Однажды   ночью,   выходя   из   Докторского   клуба   со   своим
Once   at night   leaving   from (the) Doctor's   club   with his

партнером,   чиновником,   он   не   удержался   и   сказал:
(card) partner (an) official   he   not   restrained himself   and   said

"Если   б   вы   знали,   с   какой   очаровательной   женщиной
If   would you   knew   with what   fascinating   woman
                                    (kind of)

я   познакомился   в   Ялте!"
I   was introduced   in   Yalta

Чиновник   сел   в   сани   и   поехал,   но   вдруг   обернулся   и
(The) Official   sat   in (the) sleigh and   went off   but   suddenly   turned around   and

окликнул:
hailed

"Дмитрий   Дмитрич!"
Dmitriy   Dmitrich

"Что?"
What

"А   давеча   вы   были   правы: осетрина-то   с   душком!"
But   just now   you   were   right   (the) sturgeon   then   with (a) musty smell
                                                          (was)

Эти слова, такие обычные, почему-то вдруг возмутили
These words such usual somehow immediately agitated

Гурова, показались ему унизительными, нечистыми. Какие
Gurov (they) seemed (to) him humiliating unclean What

дикие нравы, какие лица! Что за бестолковые ночи,
wild manners what people What kind of foolish nights
(rude)

какие неинтересные, незаметные дни! Неистовая игра в
what uninteresting uneventful days (The) Furious game in
(of)

карты, обжорство, пьянство, постоянные разговоры все
cards (the) overeating (the) drunkenness (the) constant conversations all

об одном. Ненужные дела и разговоры все об одном
about one Unnecessary matters and conversations all about one
(and the same thing) (thing)

охватывают на свою долю лучшую часть времени,
cover for their part (the) best portion (of the) time

лучшие силы, и в конце концов остается какая-то
(the) best forces and in (the) end (of) ends remains some

куцая, бескрылая жизнь, какая-то чепуха, и уйти и
bobtailed wingless life some nonsense and to leave and

бежать нельзя, точно сидишь в сумасшедшем доме или
to run (is) impossible as if (you) sit in (the) mad house or
(away)

в арестантских ротах!
in (the) arrested companies

Гуров не спал всю ночь и возмущался, и затем весь
Gurov / not / slept / all / night / and / were agitated / and / then / entire

день провел с головной болью. И в следующие ночи
day / (he) held / with / (the) head / pain / And / in / following / night

он спал дурно, все сидел в постели и думал или
he / slept / bad / all (only) / sat / in / (the) bed / and / thought / or

ходил из угла в угол. Дети ему надоели, банк
walked / from / corner / in (to) / corner / (The) children / him / tired / (the) bank

надоел, не хотелось никуда идти, ни о чем говорить.
tired / not / (he) wanted / anywhere / to go / not / about / what (anything) / to talk

В декабре на праздниках он собрался в дорогу и
In / December / in / (the) holidays / he / gathered (prepared) / in (for) / (the) road / and

сказал жене, что уезжает в Петербург хлопотать за
said / (to his) wife / that / (he will) leave / in (to) / St. Petersburg / to do a favour / for

одного молодого человека - и уехал в С. Зачем? Он
a / young / man / and / left / in (to) / S. / Why / He

и сам не знал хорошо. Ему хотелось повидаться с
also / himself / not / knew / well / To him (He) / (it) wanted / to see himself / with

Анной Сергеевной и поговорить, устроить свидание, если
Anna / Sergeyevna / and / to have a talk / to arrange / (a) meeting / if

можно.
possible

Приехал он в С. утром и занял в гостинице лучший
Arrived he in S. (in the) morning and hired in (the) hotel (the) best

номер, где весь пол был обтянут серым солдатским
room where (the) entire floor was covered (with a) gray soldier

сукном, и была на столе чернильница, серая от пыли,
cloth and (there) was on (the) table (an) inkpot gray from dust

со всадником на лошади, у которого была поднята
with (a) rider on (a) horse of which was raised

рука со шляпой, а голова отбита.
(the) hand with (a) hat and (the) head broken off

Швейцар дал ему нужные сведения: фон Дидериц
(The) Porter gave to him (the) necessary information von Diderits

живет на Старо-Гончарной улице, в собственном
lives on Old Potter street in his own

доме, - это недалеко от гостиницы, живет хорошо, богато,
house this not far from (the) hotel (he) lives good rich

имеет своих лошадей, его все знают в городе.
has his own horses him everybody knows in (the) city

Швейцар выговаривал так: Дрыдыриц.
(The) Porter pronounced this way Drydyrits

Гуров   не   спеша   пошел   на   Старо-Гончарную,   отыскал
Gurov   not   in a hurry   went   to   Old   Potter   found

дом.   Как раз   против   дома   тянулся   забор,   серый,
(the) house   Right   opposite   (the) house   was pulled up   (a) fence   gray

длинный,   с   гвоздями.
long   with   nails

"От   такого   забора   убежишь",   думал   Гуров,   поглядывая
From   such   (a) fence   you will run away   thought   Gurov   casting looks

то   на   окна,   то   на   забор.
then   to   (the) window   then   to   (the) fence

Он   соображал: сегодня   день   неприсутственный,   и   муж,
He   considered   today   (a) day   holiday   and   husband

вероятно,   дома.   Да   и   все   равно,   было   бы   бестактно
probably   (is at) home   Yes   and   all   (the) same   (it) was   would be   tactless

войти   в   дом   и   смутить.   Если   же   послать   записку,   то
to enter   in   (the) house   and   to confuse   If   (indeed)   to send   (a) note   then

она,   пожалуй,   попадет   в   руки   мужу,   и   тогда   все
it   perhaps   will fall   in   (the) hands   (of the) husband   and   then   all

можно   испортить.
could be   ruined

Лучше   всего   положиться   на   случай.   И   он   все   ходил
(It is) Best   (of) all   to rely   on   (an) event   And   he   all   walked
                                    (chance)   (the time)

по   улице   и   около   забора   и   поджидал   этого   случая.
on   (the) street   and   along   (the) fence   and   waited   this   event

Он   видел,   как   в   ворота   вошел   нищий   и   на   него
He   saw   how   in   (the) gates   entered   (a) beggar   and   (onto)   him

напали   собаки,   потом,   час   спустя,   слышал   игру   на
attacked   (the) dogs   then   (an) hour   after   (he) heard   playing   on

рояле,   и   звуки   доносились   слабые,   неясные.
(the) piano   and   (the) sounds   reached   faint   indistinct

Должно   быть,   Анна   Сергеевна   играла.   Парадная   дверь
(It) must   be   Anna   Sergeyevna   (who) played   (The) grand   door
                                              (front)

вдруг   отворилась   и   из   нее   вышла   какая-то   старушка,
suddenly   was opened   and   out of   it   left   some   old lady

а   за   нею   бежал   знакомый   шпиц.   Гуров   хотел   позвать
and   behind   her   ran   (the) familiar   spitz dog   Gurov   wanted   to call

собаку,   но   у   него   вдруг   забилось   сердце,   и   он   от
(the) dog   but   of   him   suddenly   began to beat   (the) heart   and   he   from

волнения   не   мог   вспомнить,   как   зовут   шпица.
emotion   not   could   recall   how   (they) call   (the) spitz dog

Он ходил, и все больше и больше ненавидел серый
He walked, and (all) more and more hated (the) gray

забор, и уже думал с раздражением, что Анна
fence and already thought with irritation that Anna

Сергеевна забыла о нем и, быть может, уже
Sergeyevna forgot about him and, to be may already
                                                     (maybe)

развлекается с другим, и это так естественно в
entertained with others and this so natural in

положении молодой женщины, которая вынуждена с утра
(the) position (of a) young woman who (is) forced from morning

до вечера видеть этот проклятый забор. Он вернулся
to evening to see this cursed fence He returned

к себе в номер и долго сидел на диване, не зная,
to himself in (the) room and for long sat on (the) sofa not knowing
(his own place)

что делать, потом обедал, потом долго спал.
what to do then (he) had dinner then long slept

"Как все это глупо и беспокойно," думал он,
How all this foolish and bothersome thought he

проснувшись и глядя на темные окна: был уже вечер.
after awaking and seeing in (the) dark window (that it) was already evening

"Вот и выспался зачем-то. Что же я теперь ночью
Here and (I) had a good sleep for some reason What indeed I now at night

буду делать?"
will do

Он сидел на постели, покрытой дешевым серым, точно
He sat   on (the) bed covered (with) cheap gray as if

больничным, одеялом, и дразнил себя с досадой:
(a) hospital blanket and mocked himself with vexation

"Вот тебе и дама с собачкой... Вот тебе и
Here to you and (the) lady with (the) little dog Here to you and

приключение... Вот и сиди тут".
adventures Well also (you) sit here
            (so)

Еще утром, на вокзале, ему бросилась в глаза афиша
Still morning on (the) station to him rushed in (the) eye (the) poster
                                            (fell)

с очень крупными буквами: шла в первый раз"Гейша".
with very large letters (that) went in (the) first time Geisha
                                    (for)

Он вспомнил об этом и поехал в театр.
He remembered about this and went to (the) theater

"Очень возможно, что она бывает на первых
Very much possible that she will be at (the) first
                                 (present)

представлениях" , думал он.
show   thought he

Театр был полон.. И тут, как вообще во всех
(The) theater was full And here as generally in all

губернских театрах, был туман повыше люстры, шумно
provincial theaters (there) was fog above (the) chandeliers noisily

беспокоилась галерка; в первом ряду перед началом
(was) restless (the) gallery in (the) first row before (the) beginning

представления стояли местные франты, заложив руки
(of the) show stood (the) local dandies holding (their) hands

назад; и тут, в губернаторской ложе, на первом месте
behind and here in (the) governors loge on (the) first place
(their back) (box)

сидела губернаторская дочь в боа, а сам губернатор
sat governors daughter in (a) boa and himself (the) governor

скромно прятался за портьерой, и видны были только
modestly hid behind (the) portiere and visible were only
(small curtain)

его руки; качался занавес, оркестр долго настраивался.
his hands rocked (the) curtain (of the) orchestra long (it) was tuned
(moved) (tuning up)

Все время, пока публика входила и занимала места,
All (the) time meanwhile (the) public entered and occupied place
(took)

Гуров жадно искал глазами.
Gurov greedily searched for (by the) eyes
(eagerly)

Вошла и Анна Сергеевна.
Entered also Anna Sergeyevna

она	села	в	третьем	ряду,	и	когда	Гуров	взглянул	на
she	sat	in	(the) third	row	and	when	Gurov	glanced	to

нее,	то	сердце	у	него	сжалось,	и	он	понял	ясно,
her	then	(the) heart	of	him	contracted	and	he	understood	clearly

что	для	него	теперь	на	всем	свете	нет	ближе,
that	for	him	now	in	all	(the) world	not	(a) nearer
							(there wasn't)	

дороже	и	важнее	человека;	она,	затерявшаяся	в
more dear	and	more important	person	she	was lost	in

провинциальной	толпе,	эта	маленькая	женщина,	ничем
(the) provincial	crowd	this	small	woman	in no way

не	замечательная,	с	вульгарною	лорнеткой	в	руках,
not	remarkable	with	(a) vulgar	lorgnette	in	(the) hands

наполняла	теперь	всю	его	жизнь,	была	его	горем,
filled	now	all (entirely)	his	life	was	his	mountain

радостью,	единственным	счастьем,	какого	он	теперь
(of) happiness	only	happiness	that	he	now

желал	для	себя;	и	под	звуки	плохого	оркестра,
desired	for	himself	and	under	(the) sounds	(of the) poor	orchestra

дрянных	обывательских	скрипок,	он	думал	о	том,	как
worthless	mediocre	violins	he	thought	about	that	how

она	хороша.
she	(was) good (lovely)

Думал	и	мечтал.
(He) Thought	and	dreamed

Вместе с Анной Сергеевной вошел и сел рядом
Together with Anna Sergeyevna entered and sat next

молодой человек с небольшими бакенами, очень
(a) young man with small side-whiskers very

высокий, сутулый; он при каждом шаге покачивал
tall stooped he with each step shook

головой и, казалось, постоянно кланялся. Вероятно, это
(with the) head and seemed constantly bowing Probably this

был муж, которого она тогда в Ялте, в порыве
was (the) husband which she then in Yalta in (an) impulse

горького чувства, обозвала лакеем. И в самом деле, в
(of) bitter feeling (had) called (a) lackey And in very deed in
(indeed)

его длинной фигуре, в бакенах, в небольшой лысине
his tall figure in (the) side-whiskers in (the) small bald spot

было что-то лакейски-скромное, улыбался он сладко, и
was something lackeyish modest smiled he sweet and

в петлице у него блестел какой-то ученый значок,
in (the) buttonhole of him shone some scientist mark

точно лакейский номер.
like (a) lackey number

В первом антракте муж ушел курить, она осталась в
In (the) first intermission (the) husband left to smoke she remained in

кресле.
(the) armchair

Гуров,   сидевший   тоже   в   партере,   подошел   к   ней   и
Gurov   sitting   also   in   (the) parterre   approached   (to)   her   and
(orchestra , pit)

сказал   дрожащим   голосом,   улыбаясь   насильно:
said   (with a) shaking   voice   smiling   forcefully

"Здравствуйте."
How do you do

Она   взглянула   на   него   и   побледнела,   потом   еще   раз
She   looked   at   him   and   turned pale   then   again   time

взглянула   с   ужасом,   не   веря   глазам,   и   крепко   сжала
looked   with   horror   not   believing   (the) eyes   and   strongly   pressed

в   руках   вместе   веер   и   лорнетку,   очевидно   борясь   с
in   (the) hands   together   (the) fan   and   lorgnette   obviously   struggling   with

собой,   чтобы   не   упасть   в   обморок.   Оба   молчали.   Она
herself   in order to   not   to fall   in   fainting   Both   kept silent   She

сидела,   он   стоял,   испуганный   ее   смущением,   не
sat   he   stood   frightened   (of) her   confusion   not

решаясь   сесть   рядом.   Запели   настраиваемые   скрипки   и
decided   to sit down   next   Began to sing   tuning   violins   and
(whether)   (play)

флейта,   стало   вдруг   страшно,   казалось,   что   из   всех
flute   became   suddenly   terrible   (it) seemed   that   from   all

лож   смотрят.
(the) loges   (they) looked

Но вот она встала и быстро пошла к выходу; он -
But here she rose and quikly went to (the) exit he
(then)

за ней, и оба шли бестолково, по коридорам, по
(went) behindher and both walked confused through (the) corridors on

лестницам, то поднимаясь, то спускаясь, и мелькали у
(the) stairs then going up then going down and flashed by

них перед глазами какие-то люди в судейских,
them before (the) eyes some people in judical

учительских и удельных мундирах, и все со значками;
teacher and specific uniforms and all with marks

мелькали дамы, шубы на вешалках, дул сквозной
flashed ladies fur coats on hangers blew through

ветер, обдавая запахом табачных окурков. И Гуров, у
(a) wind laden (with the) smell (of) tobacco cigarette-butts And Gurov by

которого сильно билось сердце, думал: "О, господи! И
whom strongly beated (the) heart (he) thought O Lord And

к чему эти люди, этот оркестр..." И в эту минуту он
to what these people this orchestra And in that minute he
(purpose) (moment)

вдруг вспомнил: как тогда вечером на станции,
suddenly recalled as then (the) evening on (the) station

проводив Анну Сергеевну, говорил себе, что все
leading out Anna Sergeyevna (he) said to himself that everything

кончилось и они уже никогда не увидятся.
(had) ended and they already never not will be seeing eachother

Но как еще далеко было до конца!
But how yet far (it) was to (the) end

На узкой, мрачной лестнице, где было написано "ход
On (a) narrow gloomy staircase where was written entrance

в амфитеатр", она остановилась.
to (the) amphitheatre she stopped

"Как вы меня испугали!", сказала она, тяжело дыша,
How you me frightened said she heavily breathing

все еще бледная, ошеломленная. "О, как вы меня
totally still pale stupefied O how you me

испугали! Я едва жива. Зачем вы приехали? Зачем?"
frightened I hardly (am) alive Why you arrived Why

"Но поймите, Анна, поймите...", проговорил он
But understand Anna understand spoke he

вполголоса, торопясь. "Умоляю вас, поймите..."
(in a) low voice hastily (I) beg you understand

Она	глядела	на	него	со	страхом,	с	мольбой,	с
She	looked	at	him	with	fear	(with)	pleading (face)	with

любовью,	глядела	пристально,	чтобы	покрепче	задержать
love	(she) looked	fixedly	in order to	to stronger	keep

в	памяти	его	черты.
in	memory	his	features

"Я	так	страдаю!",	продолжала	она,	не	слушая	его.	"Я
I	so	suffer	continued	she	not	listening to	him	I

все	время	думала	только	о	вас,	я	жила	мыслями	о
all	(the) time	thought	only	about	you	I	lived	(by the) thoughts	of

вас.	И	мне	хотелось	забыть,	забыть,	но	зачем,	зачем
you	And	to me (I)	(it) wanted	to forget	to forget	but	why	why

вы	приехали?"
you	arrived (did come here)

Повыше,	на	площадке,	два	гимназиста	курили	и
Higher	on	(the) platform	two	high school student	smoked	and

смотрели	вниз,	но	Гурову	было	все	равно,	он	привлек
looked	downward	but	Gurov	was	everything	equal	he	drew

к	себе	Анну	Сергеевну	и	стал	целовать	ее	лицо,
to	himself	Anna	Sergeyeva	and	started	to kiss	her	face

щеки,	руки.
cheeks	hands

"Что вы делаете, что вы делаете!" говорила она в
What you do what you do said she in

ужасе, отстраняя его от себя. "Мы с вами обезумели.
horror pushing him from herself We with you lost
(we) (our) senses

Уезжайте сегодня же, уезжайте сейчас... Заклинаю вас
Leave today (indeed) leave now (I) swear you

всем святым, умоляю... Сюда идут!"
(by) all (that is) sacred (I) beg (From) here go

По лестнице снизу вверх кто-то шел.
On (the) stairs from below upward someone went
(came)

"Вы должны уехать..." продолжала Анна Сергеевна
You must leave continued Anna Sergeyevna

шепотом. "Слышите, Дмитрий Дмитрич. Я приеду к вам
in a whisper (You) hear Dmitriy Dmitrich I will arrive to you
(come)

в Москву. Я никогда не была счастлива, я теперь
in Moscow I never not was happy I now

несчастна и никогда, никогда не буду счастлива,
(am) unhappy and never never not will be happy

никогда! Не заставляйте же меня страдать еще
never Not force (indeed) me to suffer still

больше!"
more

"Клянусь, я приеду в Москву. А теперь расстанемся!
(I) swear I will arrive in Moscow But now let us part
              (come)   (to)

Мой милый, добрый, дорогой мой, расстанемся!"
My precious good dear (of) mine let us part

Она пожала ему руку и стала быстро спускаться вниз,
She shook his hand and started rapidly to descend (downward)

все оглядываясь на него, и по глазам ее было
all the time looking back (to) him and by (the) eyes (of) her (it) was

видно, что она в самом деле не была счастлива... Гуров
visible that she in very deed not was happy Gurov
                  (indeed)

постоял немного, прислушался, потом, когда все утихло,
remained (a) while listened then when everything became quiet

отыскал свою вешалку и ушел из театра.
found his hanger and left from (the) theater

IV

IV

И Анна Сергеевна стала приезжать к нему в Москву.
And Anna Sergeyevna started to arrive (go) to him in Moscow

Раз в два-три месяца она уезжала из С. и говорила
Once in two three months she left from S. and said

мужу, что едет посоветоваться с профессором насчет
(to the) husband that (she) will go to consult (with) (a) professor about

своей женской болезни, - и муж верил и не верил.
her female illness and (the) husband believed (it) and not believed (it)

Приехав в Москву, она останавливалась в "Славянском
After arriving in Moscow she stopped in Slavyanska

базаре" и тотчас же посылала к Гурову человека в
market and immediately (indeed) sent to Gurov (a) man in

красной шапке. Гуров ходил к ней, и никто в Москве
(a) red cap Gurov walked to her and no one in Moscow

не знал об этом.
not knew about this

Однажды он шел к ней таким образом в зимнее утро
Once he went to her in such a manner in winter morning

(посыльный был у него накануне вечером и не застал).
(the) messenger was with him (the) day before (in the) evening and not (he) was there

С ним шла его дочь, которую хотелось ему проводить
With him went his daughter who (it) wanted to him to lead
(he)

в гимназию, это было по дороге. Валил крупный
in secondary school that was on (the) road (There) fell large
(to)

мокрый снег.
wet snow

"Теперь на три градуса теплее, а между тем идет
Now (up) to three degrees warmer and between that goes
(still) (falls)

снег," говорил Гуров дочери. "Но ведь это тепло
snow said Gurov (to his) daughter But indeed this heat
(temperature)

только на поверхности земли, в верхних же слоях
only on (the) surface ground in upper (indeed) layers

атмосферы совсем другая температура."
(the) atmosphere entirely different temperature

"Папа, а почему зимой не бывает грома?"
Papa and why in winter not occur thunderstorms

Он объяснил и это. Он говорил и думал о том, что
He explained also this He talked and thought about that that

вот он идет на свидание, и ни одна живая душа не
here he goes to (the) meeting and not one living soul not

знает об этом и, вероятно, никогда не будет знать.
knows about this and probably never not will know

У него были две жизни: одна явная, которую видели
With him (there) were two lives one explicit which saw

и знали все, кому это нужно было, полная условной
and knew all to whom this necessary was complete relative

правды и условного обмана, похожая совершенно на
truth and relative falsehood similar completely to

жизнь его знакомых и друзей, и другая - протекавшая
(the) life (of) his familiar and friends and another flowed

тайно. И по какому-то странному стечению
secretly And on some strange confluence

обстоятельств, быть может случайному, все, что было
(of) circumstances to be random everything that was
            (it) can (maybe)

для него важно, интересно, необходимо, в чем он был
to him important interesting necessary in that he was

искренен и не обманывал себя, что составляло зерно
sincere and not deceived himself what comprised (the) grain
                                           (core)

его жизни, происходило тайно от других, все же, что
(of) his life occurred (in) secret from others everything indeed that

было его ложью, его оболочкой, в которую он
was his lie his shell in which he

прятался, чтобы скрыть правду, как, например, его
hid himself in order to to hide (the) truth as for example his

служба в банке, споры в клубе, его "низшая раса",
service in (the) bank (the) discussions in (the) club his lowest race
(work)

хождение с женой на юбилеи, - все это было явно.
(the) trips with (the) wife to anniversaries all this was clear

И по себе он судил о других, не верил тому, что
And by himself he judged about others not (he) believed that what

видел, и всегда предполагал, что у каждого человека
(he) saw and always assumed that with every man

под покровом тайны, как под покровом ночи, проходит
under (the) cover (are) secrets (just) as under (the) cover (of) night passes

его настоящая, самая интересная жизнь. Каждое личное
his really very interesting life Each personal

существование держится на тайне, и, быть может,
existence (is) held in secret and to be can (maybe)

отчасти поэтому культурный человек так нервно хлопочет
partly therefore (a) civilized man so nervously bustles about

о том, чтобы уважалась личная тайна.
about that that (one) respected personal secret (privacy)

Проводив дочь в гимназию, Гуров отправился в
Bringing (his) daughter in (the) secondary school Gurov left in
(Having brought) (to) (to)

"Славянский базар." Он снял шубу внизу, поднялся
Slavyanska market He removed (the) fur below ascended
(coat)

наверх и тихо постучал в дверь.
(up) and quietly knocked in (the) door
(on)

Анна Сергеевна, одетая в его любимое серое платье,
Anna Sergeyevna dressed in his favourite gray dress

утомленная дорогой и ожиданием, поджидала его со
tired (by the) road and (by) expectation waited him from (since)

вчерашнего вечера; она была бледна, глядела на него
yesterday's evening she was pale looked at him

и не улыбалась, и едва он вошел, как она уже
and not smiled and hardly he entered as she already

припала к его груди. Точно они не виделись года два,
fell down to his breast As if they not saw eachother (a) year (or) two

поцелуй их был долгий, длительный.
kiss (of) them was long drawn out

"Ну, как живешь там?" спросил он. "Что нового?"
Well how (you) live (are) there asked he What news

"Погоди, сейчас скажу... Не могу."
Wait now (I) say Not (I) can

Она не могла говорить, так как плакала. Отвернулась
She not could say so as (she) cried (She) turned away

от него и прижала платок к глазам.
from him and pressed (the) shawl to (the) eyes

"Ну, пуская поплачет, а я пока посижу," подумал он и
Well   releasing (she) cries and I (a) while will sit thought he and
       (letting go)

сел в кресло.
sat in (the) armchair

Потом он позвонил и сказал, чтобы ему принесли
Then he rang and said in order that to him (they) brought

чаю; и потом, когда пил чай, она все стояла,
tea and then when (he) drank (the) tea she all stood
                                                    (the time)

отвернувшись к окну... Она плакала от волнения, от
turned around to (the) window She cried from emotion from

скорбного сознания, что их жизнь так печально
sorrowful consciousness that (of) them (the) life so sad

сложилась; они видятся только тайно, скрываются от
was they see eachother only secretly (they) hide themselves from
(laid out)

людей, как воры! Разве жизнь их не разбита?
people as thieves Perhaps life (of) them not broken
                     (Was indeed)

"Ну, перестань!" сказал он.
Well stop said he

Для него было очевидно, что эта их любовь кончится
For him (it) was obvious that this (of them) love will end

еще не скоро, неизвестно когда.
still not soon (it is) unknown when

Анна	Сергеевна	привязывалась	к	нему	все	сильнее,
Anna	Sergeyevna	(was) tied	to	him	all	stronger

обожала	его,	и	было	бы	немыслимо	сказать	ей,	что
(she) adored	him	and	was	would (to be)	unthinkable	to say	(to) her	that

все	это	должно	же	иметь	когда-нибудь	конец;	да	она
all	this	must	still	to have	sometime	(an) end	yes	she

бы	и	не	поверила	этому.
would (be)	also	not	believed	this

Он	подошел	к	ней	и	взял	ее	за	плечи,	чтобы
He	approached	(to)	her	and	took	her	by	(the) shoulders	in order to

приласкать,	пошутить,	и	в	это	время	увидел	себя	в
caress	to joke	and	in	this	time	(he) saw	himself	in

зеркале.
(the) mirror

Голова	его	уже	начинала	седеть.	И	ему	показалось
(The) head	(of) him	already	began	to turn grey	And	to him	(it) seemed

странным,	что	он	так	постарел	за	последние	годы,	так
strange	that	he	thus	grew old	(for)	(the) past	years	thus

подурнел.	Плечи,	на	которых	лежали	его	руки,	были
lost (his) good looks	(The) shoulders	on	which	lay	his	hands	were

теплы	и	вздрагивали.
warm	and	trembled

Он почувствовал сострадание к этой жизни, еще такой
He felt compassion to this life still so

теплой и красивой, но, вероятно, уже близкой к тому,
warm and beautiful but probably already close to that

чтобы начать блекнуть и вянуть, как его жизнь. За
in order to begin to fade and to wilt (just) as his life. For

что она его любит так?
what she him loves so

Он всегда казался женщинам не тем, кем был, и
He always seemed to women not that whom (he) was and

любили в нем не его самого, а человека, которого
(they) loved in him not him self but (the) man which

создавало их воображение и которого они в своей
created they (in their) imagination and which they in their

жизни жадно искали; и потом, когда замечали свою
life passionately searched for and then when (they) noted their

ошибку, то все-таки любили. И ни одна из них не
error than all so (they) loved. And not one from them not
(after all) (him)

была с ним счастлива. Время шло, он знакомился,
was with him happy. Time went he became acquainted

сходился, расставался, но ни разу не любил; было
converged parted but not once not loved (it) was

вес, что угодно, но только не любовь.
all that (was) convenient but just not love

И только теперь, когда у него голова стала седой, он
And only now when of him (the) head became grey he

полюбил как следует, по-настоящему - первый раз в
fell in love as follows for real (the) first time in
(happened)

жизни.
life

Анна Сергеевна и он любили друг друга, как очень
Anna Sergeyevna and he loved eachother like very

близкие, родные люди, как муж и жена, как нежные
close related people as husband and wife as tender

друзья; им казалось, что сама судьба предназначила их
friends (to) them (it) seemed that itself fate designed them
(marked as)

друг для друга, и было непонятно, для чего он
friend for (the) other and (it) was incomprehensible for what he
(each)

женат, а она замужем; и точно это были две
married and she married and as if that (they) were two

перелетные птицы, самец и самка, которых поймали и
migratory birds male and female which (they) caught and

заставили жить в отдельных клетках. Они простили
forced to live in separate cells They forgave

друг другу то, чего стыдились в своем прошлом,
eachother that what (they) were ashamed of in their past

прощали все в настоящем и чувствовали, что эта их
(they) pardoned everything in (the) present and (they) felt that this their

любовь изменила их обоих.
love changed them both

Прежде	в	грустные	минуты	он	успокаивал	себя	всякими
Before	in	sad	minutes (moments)	he	calmed	himself	by all

рассуждениями,	какие	только	приходили	ему	в	голову,
reasons	that	just	came	(to) him	in	(the) head

теперь	же	ему	было	не	до	рассуждений,	он
now	indeed	to him	(it) was	not	to	reasoning	he

чувствовал	глубокое	сострадание,	хотелось	быть
felt	deep	compassion	(he) wanted	to be

искренним,	нежным...
sincere	tender

"Перестань,	моя	хорошая,"	говорил	он,	"поплакала	-	и
Cease	my	dear	said	he	(you) cried (had your crying)		also

будет...	Теперь	давай	поговорим,	что-нибудь	придумаем."
will be	Now	give (let's)	(we) have a talk	something	(let us) think of (devise)

Потом	они	долго	советовались,	говорили	о	том,	как
Then	they	for long	counseled	talked	about	that	how

избавить	себя	от	необходимости	прятаться,	обманывать,
to free	themselves	from	(the) need	to hide	to deceive

жить	в	разных	городах,	не	видеться	подолгу.
to live	in	different	cities	not	to see eachother	for a long time

Как	освободиться	от	этих	невыносимых	пут?
How	to be freed	from	these	unbearable	chains

"Как?	Как?"	спрашивал	он,	хватая	себя	за	голову.
How	How	asked	he	gripping	himself	by	(the) head

"Как?"
How

И	казалось,	что	еще	немного	-	и	решение	будет
And	(it) seemed	that	still	a little		and	(the) solution	would be

найдено,	и	тогда	начнется	новая,	прекрасная	жизнь;	и
found	and	then	would begin	(a) new	excellent	life	and

обоим	было	ясно,	что	до	конца	еще	далеко-далеко	и
(to) both	(it) was	clear	that	until	(the) end	still	(it was) far (it was) far	and

что	самое	сложное	и	трудное	только	еще	начинается.
that	(the) very (most)	complicated	and	difficult	only	yet	begins (has to begin)

The book you're now reading contains the paper or digital paper version of the powerful e-book application from Bermuda Word. Our software integrated e-books allow you to become fluent in Russian reading and listening, fast and easy! Go to <u>learn-to-read-foreign-languages.com</u>, and get the App version of this e-book!

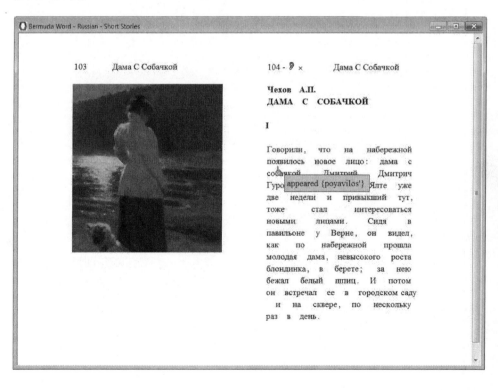

Чехов А.П.
ДАМА С СОБАЧКОЙ

I

Говорили, что на набережной появилось новое лицо: дама с собачкой. Дмитрий Дмитрич Гуров appeared {poyavilos'} Ялте уже две недели и привыкший тут, тоже стал интересоваться новыми лицами. Сидя в павильоне у Верне, он видел, как по набережной прошла молодая дама, невысокого роста блондинка, в берете; за нею бежал белый шпиц. И потом он встречал ее в городском саду и на сквере, по нескольку раз в день.

The standalone e-reader software contains the e-book text, includes audio and integrates **spaced repetition word practice** for **optimal language learning**. Choose your font type or size and read as you would with a regular e-reader. Stay immersed with **interlinear** or **immediate mouse-over pop-up translation** and click on difficult words to **add them to your wordlist**. The software knows which words are low frequency and need more practice.

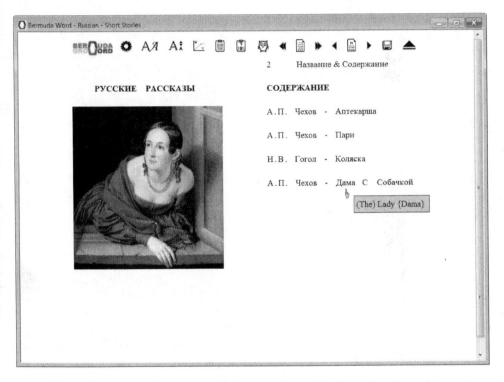

With the Bermuda Word e-book program you **memorize all words** fast and easy just by reading and listening and efficient practice!

LEARN-TO-READ-FOREIGN-LANGUAGES.COM

Made in the USA
San Bernardino, CA
31 January 2019